朝日新書
Asahi Shinsho 893

70代から「いいこと」ばかり起きる人

和田秀樹

朝日新聞出版

はじめに

今こそ「70代」をアップデートしよう！

「70代にもなれば脳は衰え、やがてボケてしまう」
「身体にもガタがきて、足腰が弱ったり、病気になったりする」
「平均寿命は延びたけれど、健康寿命は70代前半で尽きてしまう」
「家に閉じこもりがちになり、さびしい毎日をすごすことになる」

みなさんは、70代について、このようなイメージを持っていないでしょうか？　ところが、実際はまったく異なるのです。

「70歳以降も知識力は伸び続け、40歳ごろを上回る」
「自分は健康だと考える70代は7割に達する」
「本当の健康寿命は、男女とも80歳以上」
「幸福度が最高値に達するのは82歳以上」

そんなの信じられない、と思うでしょうか？　しかし、世界における最新の研究では、こうした希望にあふれた事実が次々と明らかになっているのです。

たしかに年をとると、心も身体も、思いどおりにならないことが増えてきます。しかし、それ以上に、年をとったからこその「いいこと」がたくさん起こるのです。

昔から、70歳は「古希」と呼ばれてきました。中国・唐の詩人である杜甫の詩の一節、「人生七十古来稀なり」が由来です。

しかし「古来稀」だったのは、今から1300年も前の話。「人生100年時代」と呼ばれる現代の日本では、ちっとも稀ではありません。

私は70代を、「人生の黄金期」だと考えています。仕事や人間関係、子育て、お金などのストレスから解き放たれ、本当に好きなことを好きなだけできる、幸せにあふれた時期です。

にもかかわらず、最近の人たちは、年をとることに対して悲観的すぎます。

それは、メディアの影響も大きいと思います。テレビをつければ、「認知症」「熟年離婚」「老後破産」「孤独死」といった、心が暗くなる言葉ばかり飛びかっています。おそらく、不安をあおったほうが視聴率がとれるからでしょう。

若い人たちも、「もう年なんだから無理するなよ」「いい年なのにこんなことをしてみっともない」などと、ネガティブなことばかり口にします。彼らもまた、古い高齢者のイメージに縛られているのです。

私は、そんな世の中を変えたい。年をとることに、もっとポジティブになってほしい。そのためには、高齢者の正しい姿を伝えることが必要だと考えました。

この本を通じて、世の中にはびこる間違った高齢者のイメージを変えることができれば本望です。

70代から「いいこと」ばかり起きる人　目次

第2章　幸福度がもっとも高いのは実は高齢者

第3章　健康寿命は思うより長い！

第4章　「いいこと」をさらに10倍に増やす

第5章　若いときとは違うからこその「いいこと」

第1章　高齢者の脳には「伸びしろ」がある！

年をとっても衰えない脳のはたらきとは?

「年をとると、脳が衰え、やがて認知症になってしまう」

私たちはこんなふうに、よくない変化に目を向けがちです。しかし、世界の研究を見てみると、年をとっても衰えない脳の機能や、年をとっても伸び続ける脳の機能があることがわかってきました。

約5000人を対象に、加齢による脳の変化を追跡調査してきた米ワシントン大学の「シアトル縦断研究」によれば、認知力を測る6種のテストのうち、記憶力と認知のスピードは加齢とともに衰えが見られたものの、言語力、空間推論力、単純計算力、抽象的推論力はむしろ向上していました。

また、記憶力の低下は個人差が大きく、被験者の15%は、若いときより年をとってからのほうが記憶力が優れていました。

また、カルレ・イリノイ医大の研究でも、意外な結果が出ました。40~69歳のパイロットの認知力を比較したところ、新たなフライトシミュレーターの操作方法を習得する時間は高齢者のほうが長かったものの、衝突回避の成功率は高齢者のほうが高かったのです。

日本でも興味深い研究が行なわれています。東京都健康長寿医療センター研究所の追跡調査では、語彙、理解力、計算問題など、文字や言葉で答えるテストで診断する「言語性ＩＱ」は、年をとってもそれほど落ちないという結果が出ました。

本屋さんに行くと、若者よりお年寄りがたくさんいることからも、なんとなく想像がつくと思います。

また、積み木や絵の組み合わせといった、パズルのような問題で診断する「動作性ＩＱ」についても、70代ではそれほど大きな衰えは見られませんでした。

さらに、知能には「流動性知能」と「結晶性知能」という分類があるのですが、後者に関しては、高齢になっても衰えない、むしろ成熟するというデータがあります。

流動性知能とは、新しい環境にすばやく適応するために、情報を処理し、操作する能力で、暗記力、計算力、直感力などにあたります。これはデータによって若干異なる場合がありますが、20歳が頂点で、その後だんだんと落ちていき、40代以降になると急速に下降するという報告があります。

一方、結晶性知能は、人生における経験や学習などから獲得していく能力で、言語能力、理解力、洞察力、社会適応力などにあたります。こちらは年をとるにしたがいむしろ上昇し、60代ごろにピークを迎えます。

これらのデータをもとに、知能全体を眺めてみると、全体としての衰えはそれほどでもない、という結論になります。なぜなら結晶性知能が成熟することで、流動性知能の低下をカバーしてくれるからです。

年をとることで失うものがあれば、必ず得るものもあるのです。

「知識力」は70歳からでも伸び続ける

人の知的な能力には、いろいろな種類があります。記憶力ひとつとっても、その場で名前を覚える短期記憶と、昔のできごとについての長期記憶があります。

そのほか、どれくらい知識を持っているか、知識をたくわえることができるかという「知識力」、道筋を立ててものごとの本質をとらえる「論理的・抽象的思考力」、外から与えられた情報をすばやく処理する「情報処理のスピード」、ものごとに計画的にとり組む「実行機能」などがあります。

国立長寿医療研究センターの調査によれば、このうち知識力は、年を重ねることによって成熟していくそうです。先ほどの、流動性知能と結晶性知能の分類でいえば、結晶性知能にあたる能力といえます。

知識力は、70歳を過ぎるまでぐんぐん上昇していきます。その後、ゆるやかに低下していきますが、90歳になっても40歳より高いという結果が出ました。

一方、情報処理のスピードのような能力は、50代まで向上しますが、その後は急激に低下していきます。

複数の研究から、若いときの頭のよさと、年をとってからの頭のよさは違うということがわかってきたと思います。

若いころは、ぱっと計算したり、覚えたり、問題をすばやく解決したりすることが得意でした。

しかし、年をとってからは、ものをよく知っていたり、ひとつのことにじっくりと取り組んだり、豊かな経験から若い人たちにアドバイスをしたりすることが得意になります。

頭のよさの内容は、人生それぞれの段階で、少しずつ異なっているのです。

年をとっても、記憶力は落ちない

ここまで脳は衰えないという話をしてきました。しかし、記憶力が落ちたという人はよくいます。それは本当なのでしょうか?

ドイツの心理学者、ヘルマン・エビングハウスが提唱した、有名な「エビングハウスの忘却曲線」というものがあります。みなさんも、一度は見たことがあるのではないでしょうか。

エビングハウスの忘却曲線によれば、人の脳は一度勉強したことを1時間後には56%忘れ、1日後には74%、1週間後には77%、1か月後には79%を忘れるといいます。

もし年をとると記憶力が落ちるのが本当なら、この忘却曲線は、若い人と高齢者とで変わってくるはずです。ところが、実験をしてみると、若い人も高齢者も、同じような忘却曲線を描いたのです。

ほかにも、米ハーバード大学の心理学者、ジョージ・ミラーが提唱した「マジカルナンバー7」というものがあります。人間が短期記憶で覚えられる数は7±2個まで、という理論です。

こちらも、もし年をとると記憶力が落ちるのが本当なら、若い人と高齢者とで結果が変わってくるはずです。若い人は7個覚えられるけれど、高齢者は3つだけ、というようにです。

しかし実験をしてみると、若い人も高齢者も、同じ7±2個でした。

ではなぜ、年をとると多くの人が「記憶力が落ちた」と感じるのでしょうか。

それは、年をとったことで、ものごとに対する好奇心や、興味関心が薄れているからです。

「こんなのは知っている」

「前にもあったことだ」

「たいして面白くないな」

何かにつけて、そんなふうに片づけていませんか？　そうすると脳が、これは大切な情報ではないと判断して、記憶に定着させないのです。それが、記憶力が落ちたと感じる理由です。

記憶力に年齢は関係ありません。どんなことにでも興味を持つこと、ささいなことを面白がってみること、初めからこうだと決めつけないこと、知ったかぶりをしないこと。

こうした態度が、記憶力を呼び覚ますことにつながるのです。

高齢になると自然と「マインドフルネス」になる

近年、世界的なブームとなっている「マインドフルネス」。グーグル、フェイスブック（現メタ）、マイクロソフトといったグローバル企業が、生産性向上、ストレスマネジメントなどを目的に、こぞって社員研修プログラムに取り入れていることで注目されるようになりました。

そもそもマインドフルネスというのは、どのような状態なのでしょうか？ 定義としては次のようになります。

- 雑念にとらわれることなく、今この瞬間に注意を向けている
- 過去の経験や先入観にとらわれず、客観的にものごとを見ることができる
- いいことも、悪いことも、あるがままに受け入れることができる
- ものごとに執着することなく、淡々と人生を楽しんでいる

●自己中心的な考え方ではなく、まわりの人を慮ることができる

こうした状態へと自分を高めるために、そしてそれを維持するために、先ほど挙げたグローバル企業は多くの時間とお金をかけて、瞑想をはじめとしたプログラムを社員に提供しているのです。

逆にいえば、世界トップクラスのエリートでも、心をマインドフルネスに保つことは至難のわざというわけです。

さて、ここでみなさんに朗報があります。オーストラリア・フリンダース大学の研究によれば、高齢になるにしたがって、マインドフルネスな状態が自然と身につくというのです。

時間をかけて瞑想に取り組み、さまざまな誘惑を乗り越え、ようやく到達できるマインドフルネスを、ただ年をとるだけで誰もが手に入れることができるのです。そう聞くと、年をとるのが楽しみになってきませんか?

先ほども書いたように、老年医学の現場に携わっていると、飄々としている高齢者にお会いすることがよくあります。年を重ねるにつれて、自然とマインドフルネスが身についたのだと考えれば、それも納得できます。

南カリフォルニア大学の研究でも、高齢者は若い人よりものの見方が前向きになることが判明しています。

最近の研究では、うつ病、不安障害、ＰＴＳＤなどの精神疾患は、恐怖や不安といったマイナスの情動に深くかかわる扁桃体の過剰な興奮が原因であると言われています。その扁桃体が、年をとるにしたがい、ネガティブな刺激に反応しにくくなるというのです。

また、40歳を過ぎたころから、ネガティブな記憶よりもポジティブな記憶が増え、その傾向は80代まで続くこともわかっています。

フリンダース大学の研究チームは、加齢とマインドフルネスの関係について、次のように結論づけています。

「この結果は、人間は人生経験を積み重ねるにつれて、マインドフルネスを自然に身につけている可能性を示唆しています。いまこの瞬間をありのままに理解し、判断にとらわれずに経験を見つめ直す能力は、年齢とともに高まっていくものと考えられます」

「マインドフルネスの特性は、加齢にともなって生じる課題を克服し、ポジティブな感情を生み出すのに役立ちます」

私たちはつい、老化のネガティブな側面ばかりを見てしまいますが、社会機能や感情機能は、年とともに改善するのです。

この研究結果にしたがえば、仕事のストレス、家庭のトラブルなどで「人生、お先真っ暗だ」と落ち込んでいる中高年の方も、年をとれば自然と心が軽くなっていくということです。

そう考えれば、いま抱えている悩みや苦労も、「ただの通過点」に思えてくるのではないでしょうか?

年をとったら「プライド」を捨てよう

ただし、ここで注意点があります。とくに男性のみなさんにお伝えしたいのですが、よけいなプライドを抱えたままでは、マインドフルネスの境地には達することができない、ということです。

プライドを捨てられないのは、日本人に特有の問題だと思います。

以前、アメリカに留学したとき、驚いたことがあります。それは、たとえ病院の院長先生であっても、その人が「トム」という名前なら、みんなから「トム」と呼ばれていたことです。

つまり、海外では、仕事をしているときも「トム」と呼ばれ、定年を迎えてからも「トム」と呼ばれるわけです。

一方、日本はどうでしょうか？　仕事をしているときは、多くの人が「部長」とか「店長」とか、敬意をこめて呼ばれるでしょう。ところが、定年を迎えて肩書がなくなると、ただの「おじいちゃん」になってしまう。

そのギャップが、日本人、とりわけ男性には耐えられないのです。

先ほどのマインドフルネスに関する調査は、オーストラリアで行なわれたものです。

海外では、どんなに地位が高くても、ファーストネームでフランクに呼び合う文化があります。

だからこそ、プライドにとらわれることなく、マインドフルネスな境地へとスムーズに達することができたのかもしれません。

私はよく、「年をとることは、タメ口の仲になることだ」と言っています。

「○○さん、元気かい？」

「ああ、そっちはどうだい？」

たとえ一方が大企業の元取締役で、もう一方が零細企業の元平社員だったとしても、おたがい対等な立場でつき合うのが、年をとってからのコミュニケーションの鉄則です。

私はつねづね、年をとっていちばんみっともないのは、過去の栄光を自慢することだとお伝えしています。

厳しいことを言うようですが、「タメ口の仲」になれずに威張ってばかりの人は、マインドフルネスはおろか、友人の一人もできず、さびしい老後を送ることになるでしょう。

くり返しますが、よけいなプライドは捨ててください。どこの会社に勤めていたとか、どんな地位だったとか、いくら年収をもらっていたとか、定年を迎えたらもう関係ありません。

みんな等しく、一人の人間として生きるのです。

仕事はできるだけ長く続けたほうがいい

脳の機能を維持するためにも、仕事をしている人は、可能なかぎりやめずに続けることをおすすめします。

働いているうちは、無理にでも頭を働かせるため、脳の機能が維持されます。ところが、仕事をやめてしまうと、急に頭も身体も動かさなくなるので、一気に老けこんでしまう人がよくいます。

ただし、いままでと同じ仕事をする必要はありません。成功とか高収入を追う必要はもはやないのですから、幸せに働けているか、好きな仕事を楽しめているか、ということだけが重要です。

たとえば映画が好きな人だったら、思いきって映画の世界に飛びこんでみてはいかがでしょうか。さすがに監督になるのは現実味がありませんが、サード助監督とか制作進行と呼ばれているポジションは、どこも人手不足で空きがあります。

仕事はセカンド助監督の補佐で、小道具をそろえたり、エキストラをまとめたりと、雑務が中心になりますが、ものづくりに参加している満足感は十分に得られるでしょう。ときには、役者さんと話ができたりする役得もあるかもしれません。

お金ではなく「好き」で仕事を選ぶことができるのが、年をとった人の特権といえるでしょう。

【年金の繰り下げ受給による増額率】

請求時の年齢	増額率
65歳	—
66歳	8.4%
67歳	16.8%
68歳	25.2%
69歳	33.6%
70歳	42.0%
71歳	50.4%
72歳	58.8%
73歳	67.2%
74歳	75.6%
75歳	84.0%

（71歳〜75歳）2022年４月から75歳まで可能に

※繰り下げは１か月単位でもできる

仕事を長く続けることは、お金の面でもメリットがあります。たとえば、労働収入で生活する期間を伸ばすことで、年金の繰り下げ受給が可能になります。

通常、年金が支給されるのは65歳からですが、これを75歳まで繰り下げる制度があるのです。

たとえば月額16万円の人が、70歳まで繰り下げると、月額22万７２００円になります。じつに42％もアップします。

さらに75歳まで繰り下げると、月額

29万4400円になります。なんと、84％のアップです。毎月これだけもらえるなら、貯蓄がなくても不安はないでしょう。

ただし、70歳まで繰り下げた場合は81歳以上、75歳まで繰り下げた場合は86歳以上生きないと、損をしてしまいます。

しかし、平均寿命はまだまだ延びることが見込まれています。自分の健康を信頼して、繰り下げ受給をするのは悪くない選択でしょう。

高齢者から免許を取り上げるのは大間違い

「高齢者から免許を取り上げてはいけない」

私はさまざまな場面で、このことを強く主張してきました。どうして世間は、高齢者に対して執拗に運転免許の返納を迫るのか？　その根底にはやはり、メディアの影響と、高齢者に対する間違ったイメージがあると思っています。

そもそも、年をとると交通事故を起こす確率が高くなる、というデータは存在しません。

警察庁の資料（2021年）によれば、もっとも交通事故を起こしているのは16～19歳で、人口10万人当たり1044件、次いで20代の1031件となっています。一方、高齢者はというと、70代で727件前後、80代前半でも430件です。高齢者だけが飛び抜けて事故率が高いわけではありません。

なのに、ニュースでは高齢者の交通事故ばかり報道され、コメンテーターは「ブレーキとアクセルを間違えるなんて怖い」「みんなの迷惑を考えないのか」などと、感情的なことばかり言っています。

「高齢者の交通事故が増えているといっても、そもそも高齢者のドライバーの数が増えているので、件数が増えるのは当然です。割合的に見れば、16歳から20代までの若者のほうが事故を起こす確率は高いのです」

テレビのニュースで一人くらい、こんなことを言うコメンテーターがいてもいいのではないでしょうか？

高齢者から免許を奪うのは、非合理的です。都会ならまだしも、地方では車がないと日常的な買いものも、病院への通院もままなりません。人づき合いも減って、家にこもりがちになるでしょう。

そうなると、認知症になる人が増えますし、それにともなって社会保障費もふくれ上がります。実際、運転免許を返納すると、6年後の要介護率がおおよそ2・2倍になるという研究データもあります。

そこまでの覚悟があって、運転免許を奪おうとしているのでしょうか？

一方、運転免許があれば、大きなショッピングモールに出かけて、広い店内を歩くこともできます。いろんなお店をのぞいたり、映画を見たりすれば、前頭葉の老化を防ぐことにもつながります。それは社会保障費の削減につながります。

車が好きな人でしたら、一点豪華主義でポルシェなどの高級車を買うのもよいでしょう。資産を貯めこんでいる高齢者が、もっと車を買うようになれば、経済の活性化にもつながります。

ちなみに、元東京都知事で作家の猪瀬直樹さんは、70代半ばでＥＶ（電気自動車）

のテスラを購入したそうです。猪瀬さん自身、「免許を返納するつもりはない」ときっぱり公言しています。

怖いだとか、危ないだとか、感情的に判断するのではなく、統計調査などのデータにもとづいて、冷静に判断することが求められます。

「キレる老人」は前頭葉が老化している？

心も身体も、ずっと若々しいままでいたいなら、前頭葉の老化を防ぐことがポイントです。

前頭葉は大脳の一部で、思考力、判断力、言語力、集中力など、人間らしさをつかさどる大切な領域。私はこれまで脳のＣＴ画像を何千枚と見てきました。うつ病などの精神疾患や、認知症を抱えている人は、たいてい前頭葉が萎縮しています。

前頭葉が老化すると、意欲がわかない、新しいことが覚えられない、柔軟性がなくなるといった、高齢者によく見られる症状が出てきます。

最近、「キレる老人」とか「暴走老人」といった言葉をよく耳にしますが、怒りっぽくなる、感情を抑えることができないといった症状も、前頭葉の老化と関係しています。スーパーや駅で怒鳴っている高齢者は、前頭葉が老化しているとみて間違いありません。

みなさんは日常生活を振り返って、次のようなことに心当たりはないでしょうか？

- 昔よりイラッとすることが多くなった
- 最近、何かに感動して涙を流した記憶がない
- 「この年で新しいことを始めても遅い」とよく思う
- 昔と比べていろいろなことに腰が重くなった
- 「若い人の気持ちがわからない」と思うようになった
- 性欲がかなり減退している

少しでもあてはまるものがあった人は要注意です。もしかしたら、前頭葉が老化し

ているサインかもしれません。

では、前頭葉の老化を防ぐには、どうすればよいのでしょうか? 世間では「数独」などのパズルや「大人のぬり絵」、「100マス計算」や「間違い探し」などの脳トレが人気のようです。

しかし、それで本当に前頭葉の老化を防ぐことができるのか、私は疑問に思っています。というのも前頭葉は、「新奇」なことをしたり、「新奇」なことを考えたりすることで活性化するからです。

「新奇」という言葉を辞書で引いてみると、「目新しくて、珍しいこと」「ふつうと違っていること」とあります。なんでもよいので、とにかく新しいこと、やったことのないことにチャレンジするのが、前頭葉を活性化するコツなのです。

一日ひとつ「実験」をして前頭葉の老化を防ぐ

私がおすすめしているのは、一日ひとつ、必ず「実験」をしてみることです。

実験といっても、大げさなものではありません。たとえば、とんかつにはソースをかけるのが当たり前だと思っているなら、ためしにしょうゆをかけてみる。マヨネーズも意外と合うかもしれない。ゆずこしょうはどうだろうか。

こうしたささいなことでかまわないのです。

店の前を通ったことは何度もあるけれど、一度も入ったことのないラーメン屋さんが近所にあったりしませんか？　そこに思いきって入ってみる。

おいしかったら「実験成功」、まずかったら「実験失敗」です。

ユニクロでシャツを買うとき、いつも黒やグレーを選んでいるなら、赤を選んでみるのはどうでしょうか？

似合ったなら「実験成功」ですし、似合わなかったなら「実験失敗」です。

ここで大切なことは、「実験失敗」でもまったくかまわないということです。成功するかどうかわからないからこそ実験であって、最初から結果がわかっているものを実験とは呼びません。

もしかしたら、失敗が1週間続くこともあるかもしれません。でも、8日めで成功するかもしれない。もし途中でやめていたら、失敗は回避できても、成功の喜びを味わうことはできません。

仮に残りの人生が20年、残っていると考えれば、7300回の実験のチャンスがあります。7300回もあれば、たいていのことにはチャレンジできるでしょう。その中で、人生を変えるような「大成功」をつかむこともできるかもしれません。

私はよく「人生はすべて実験だ」と言っています。どんなことでも、やってみなければわかりません。

もし、年をとってから人生を変えたいと思ったら、「人生はすべて実験だ」と思って、新しいことにどんどんチャレンジしてみてください。

「あのころは青かったな」——私も昔より賢くなっている

私はいま60代ですが、5年前、10年前と比べると、自分でも賢くなったなと思う瞬間がたまにあります。

いちばん大きな変化は、答えはひとつではない、世の中にはいろんな答えがある、と思えるようになったことです。

たとえば私は、ハインツ・コフートというオーストリア出身の精神分析学者の研究をずっとしているのですが、かつては「コフートは正しくて、フロイトは間違っている」といったものの見方をしていました。つまり、なんでも白か黒かで判断していたのです。

しかしいまでは、コフートも正しいことを言っているし、フロイトも正しいことを言っていると、心から思えるようになりました。ひとつの答えを求めて勉強するというより、いろんなものの見方があることを知るために勉強する、というふうに変わってきたのです。

白には黒がふくまれているし、黒には白がふくまれている。白と黒の間には、白とも黒ともいえないような灰色のグラデーションが存在する。かつての自分には、それが見えていなかった。

ふと昔の自分を思い返すと、「あのころは青かったな」とつくづく感じます。そして、それこそが成長の証だと思うのです。

これから私も年をとって、情報処理のスピードなどは衰えていくでしょう。けれども、新たに身についたこの成熟した賢さは、今後ますます伸びていくという予感があります。

流動性知能と結晶性知能の話でいえば、結晶性知能がこれからどんどん伸びていくわけです。それをどう仕事に活かして、どんな新しい仕事ができるか、いまから楽しみでなりません。

きっとみなさんも、似たようなことを感じているのではないでしょうか？　衰えていく部分にばかり目を向けるのはやめて、年をとったからこそ味わうことのできる、成熟していく自分を大切にしてください。

第2章　幸福度がもっとも高いのは実は高齢者

幸福度が最高値に達するのは「82歳以上」

「年をとると頭も足腰も衰え、家に閉じこもりがちになる」

「病気がちになり、少ない年金でつつましく暮らすことになる」

こうしたネガティブなイメージばかり頭に浮かび、幸せな高齢者像を思い描けない人は多いと思います。

それをくつがえすような事実が、米ダートマス大学の経済学者、デービッド・ブランチフラワー教授の研究で明らかになりました。

この研究は、世界132か国を対象に、人生の幸福度と年齢の関係を調べたもの。結果は明らかでした。人生の幸福度が最高値に達するのは、82歳以上だということが判明したのです。

ようするに、年をとればとるほど幸せになる、ということです。

この現象は「幸福のUカーブ」と呼ばれています。人の幸福度は18歳から下がり始

【幸福度はU字カーブを描く（2010～2012年）】

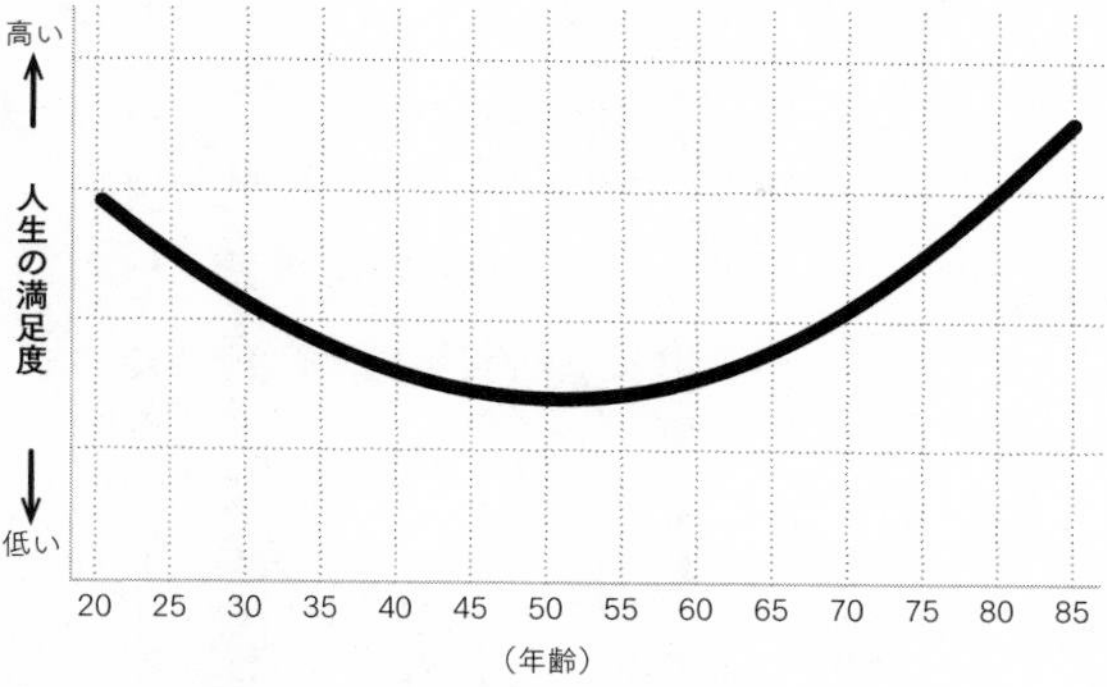

出典：ギャラップ世界調査　米国ブルッキングズ研究所調べ
※年齢以外の要因を差し引いて調整したもの

め、47~48歳で不幸のピークに達したのち、ふたたび上がり始める。その軌跡がアルファベットの「U」を描くことからつけられた名称です。

興味深いのは、この「幸福のUカーブ」は先進国でも発展途上国でも、欧米でもアジアでも変わらず、世界共通であることです。社会の状況や人種とは無関係に見られる現象なのです。

もちろん、日本も例外ではありません。幸福度がもっとも低いのは49歳、もっとも高いのは82歳以上という結果が出ています。

全米で話題になったという『ハピネ

ス・カーブ』（日本版：CCCメディアハウス）の著者、ジョナサン・ラウシュ氏は、年をとるほど幸せになる理由について、次のように述べています。

「（年をとると）ハピネス・カーブ（＝幸福のUカーブ）が上昇するのは、自分の価値観が変化し、満足感を得ることがらが変化し、自分という人間のありようが変わるからである。

自分が変わることで、老年期になってからも思いがけない充足感を得ることができるようになったり、自分の抱える弱さや、病気まで受け入れられるようになったりするのである」

実際、老年医学の現場に携わっていると、どこか飄々としている高齢者にお会いすることがよくあります。若いときには、きっといろんな苦労もあったでしょう。なのに、どうしてこのような空気感を醸し出すことができるのか、不思議だなと思っていました。

しかし、この説明を読んで、ストンと腑に落ちました。人はもともと、年をとるほど幸せになるようにできているのです。そういう生きものだ、と思っておけばよいでしょう。

幸せの青い鳥がどこかにいると思って、あくせくしなくても、年をとれば自然と幸せになれるのですから、老後のことをあれこれ気に病んで、ネガティブになる必要はありません。

「人生はこれからもっとよくなる！」

そう信じて、いまこの瞬間を楽しんでください。

世界で研究が進む「エイジングパラドックス」

このように、年をとればとるほど幸福感が高まることを、心理学の世界では「エイジングパラドックス」（加齢の逆説）と呼んでいます。

年をとれば、身体的な衰えや、大切な人の死などを経験するにもかかわらず、幸福感は高まっていく。この「パラドックス」を科学的に解明するために、世界中で研究が行われています。

エイジングパラドックスが起こる理由として、現在もっとも広く受け入れられているのは、米スタンフォード大学の心理学者、ローラ・カーステンセン氏の「社会情動的選択性理論」です。同氏は、18歳から94歳までの被験者を10年にわたり追跡調査し、この結論にたどり着いたといいます。

ごく簡単にまとめると、人は人生の時間に限りがあると知ったとき、残された時間で満足できるよう、喜びや安心といったポジティブな感情を高める行動を自然に選択するようになる、という考え方です。

カーステンセン氏の分析によれば、若いうちは、人生は永遠に続くものだと思いがちです。だからこそ、あらゆる情報を吸収しようとし、さまざまなリスクをとったりします。

もしかしたら楽しいのでは、学べることがあるのではと期待して、好きでもない人と、一緒に時間を過ごそうとすらします。うまくいかなければ、明日があるさ、と思えるからです。

しかし年をとると、自分は永遠に生きられるわけではないと認識します。すべてのことをしている時間はないとわかり、優先順位がはっきりします。細かいことはどうでもよくなり、より人生を味わいつくそうとします。自分が大切だと思えることに、残されたリソースを使おうとします。

結果として、年をとると毎日の暮らしが楽しくなり、より幸せになる――。それが、カーステンセン氏が提唱する「社会情動的選択性理論」です。

「エイジングパラドックス」が起こる6つの理由

エイジングパラドックスについて研究しているのは、カーステンセン氏だけではありません。

NPO法人「老いの工学研究所」理事長で、著書『年寄りは集まって住め』(幻冬舎ルネッサンス新書) がある川口雅裕さんは、なぜ高齢期に幸福感が上昇していくのか、多くの研究者の説をもとに、その理由を次の6つにまとめています。

①離脱

- 世俗から離れ、「できない」という否定的感情を持つ機会が減少する。
- 現役時代のように気の進まない仕事をしたり、嫌な人とつき合ったりしなくてよくなる。

②活動

- それぞれの環境に見合った「新しい役割や居場所」を見出し、自律的に社会活動を再開する。
- 現役時代にやりたかった活動を、ようやく始められる幸福感。

③継続

- これまでに培った自身の強み、過去の経験や関係を活かした活動を行い、社会もそれを受け入れる。
- 変わらぬ役割が、いつまでも社会の役に立っている喜び。

④最適化

- 衰えを受け入れて、柔軟に目標を変える。うまくいかなくても、上手にそれを解釈する。
●目標を達成できなくても、不本意な結果に終わっても、年をとるとその現実を上手に解釈できるようになる。

⑤発達

●高齢期ならではの能力的発達を遂げ、それを実感する。引退や衰え、死も逃れられないものとして受け入れ、精神的な高次の段階に至る。
●若いころに受け入れられなかったこと、恐れの対象であったものを、受け入れられるようになる。

⑥老年的超越

●身体的・社会的な限界を受容する。死に対して恐怖心ではなく、新しい認識を持つ。
●利己主義から利他主義へ移行し、人間関係の深い意味を見出すなど、超越的次元に移行する。まるで仙人のように、世俗を超越した心、人格になっていく。

私は、どの説にも説得力を感じますし、高齢者医療の現場で実際に経験したこととも一致します。年をとって起こる「いいこと」が、非常にうまくまとまっていると感じました。

さらに川口さんは、『年寄りは集まって住め』で、興味深いエピソードを紹介しています。

「講演の際に、『歳をとって、幸福感が高まっていると感じる方は?』と訊くと、8割くらいの方が手を挙げられます。

高齢期をネガティブに捉える必要はまったくありません。高齢期とは喪失を受け入れ、乗り越えて幸福感を高めるプロセスなのです」

なんとも勇気づけられる言葉だと思いませんか? 私たちはもっと、年をとることに対してポジティブになってよいのです。

なぜ「間違った高齢者イメージ」が広まったのか?

ここまでお読みになって、「年をとることはそんなに悪くない」と思えてきたのではないでしょうか？

では、なぜ「間違った高齢者イメージ」が、世間にここまで広まってしまったのでしょう。理由は大きく二つあると考えています。

一つめの理由は、「核家族化」です。

かつての日本では、3世代が同居する大家族が当たり前でした。子どものころからおじいちゃん、おばあちゃんと暮らすのがふつうで、高齢者のリアルな姿を目の当たりにしていました。

両親が仕事などで忙しく、おじいちゃん子、おばあちゃん子だった人も多かったと思います。

ところが戦後、第2次産業が中心になるにつれ、それまで地方に住んでいた団塊世代を中心とする若者たちが、大都市に集まるようになりました。その結果、核家族化が進み、高齢者が身近な存在ではなくなりました。

事実、3世代同居率は、1980年には50・1%だったのが、2019年には、9・4%まで減少しています。この40年で、5分の1以下になっているのです。これでは高齢者のイメージが、現実とかけ離れてしまうのも無理はありません。

ちなみに私は、高齢者専門の精神科医として、これまで6000人以上の患者さんを見てきました。介護の現場や、講演会などで出会った方を含めれば、1万人以上の高齢者と接してきています。

高齢者のリアルな姿をよく知っているだけに、世間がイメージする高齢者像に違和感を覚えてしまうのでしょう。私の知っている高齢者とはぜんぜん違うぞ、と思ってしまうのです。

逆にいえば、もしこの仕事についていなければ、みなさんと同じように、私も「間違った高齢者イメージ」に染まっていたと思います。当然ながら、この本を書くこともなかったでしょう。

不安や恐怖をあおるマスコミの責任

二つめの理由は、「マスコミの報道」です。

テレビを見たり、新聞を読んだりしていると、正直うんざりすることがあります。高齢者の姿が、ことさらネガティブに、センセーショナルに、悲劇的に描かれるからです。

みなさんも、次のような報道を目にしたことはないでしょうか？

「妻が認知症になり老々介護の日々」
「熟年離婚で捨てられた夫の末路」
「老後破産で生活保護へと転落」
「往年のスターが自宅で孤独死」

読んでいるだけで、気分が暗くなってきたのではないかと思います。

まず心得ておきたいのは、こうしたショッキングな事例は、ごくひと握りにすぎないということです。

みんながみんな、年をとったら認知症になったり、熟年離婚をしたり、生活保護を受けたり、孤独死したりするわけではありません。大部分は、日々を平和に暮らしている、ふつうのお年寄りです。

さらにいえば、認知症も、熟年離婚も、生活保護も、孤独死も、マスコミが言うほどネガティブなものではありません。むしろ、ポジティブなことである場合も多いのです。

3世代同居が当たり前の時代なら、きっと肌感覚でわかると思います。

「うちのおばあちゃんは、ちょっとボケているけど、毎日幸せそうだよ」

「おじいちゃんは、おばあちゃんの介護で忙しいけど、楽しそうにしているよ」

しかし、最近の人はそれがわからない。ここにも、核家族化の弊害が表れているように思います。

マスコミの罪は、一部を切り取るだけではありません。そのうえ、不安や恐怖をあおってくることです。なぜそんなことをするのか、おわかりでしょうか？　そのほうが視聴率も部数も伸びるからです。

本書では深くは触れませんが、新型コロナウイルス感染症の報道も、不安や恐怖をあおるものが多く見られます。その結果、外に出るのを怖がる高齢者が増え、家にこもるうちに足腰が弱くなり、脳にも刺激が入らず、心身ともに衰えてしまった人が目立つようになりました。

現在も、コロナによる死者数が連日報じられていますが、少なくともオミクロン株に移行してからは、元気だった人がコロナで急に亡くなったというケースは、私の外来患者では一例もありません。

先日も、92歳でコロナに感染した方を診察しましたが、微熱程度ですぐに完治しました。

もともと体力が弱っていた人が、持病をこじらせて亡くなるケースはあります。しかし、オミクロン株そのものが原因で、肺炎を起こして亡くなる人は、ほとんどいないのが現実なのです。

にもかかわらずマスコミは、新型コロナウイルスは恐ろしいものだ、かかったら死んでしまうと、過剰に不安や恐怖をあおっています。

テレビ局も、新聞社も、結局のところ商売ですから、それが悪いことだとは必ずしも言えません。それより問題なのは、私たち受け手が、マスコミの報道をうのみにしてしまっていることではないでしょうか。

情報をただ受け取るだけでなく、自分の頭で考えたり、確認したりすること。いわゆる「メディアリテラシー」を高める努力が必要です。

「老後破産」「下流老人」はメディアの偏向報道

電通総研がまとめた「高齢者のライフスタイルと消費・働き方」によれば、高齢者は生活水準によって3つに分けることができるそうです。

① **「生活困窮」高齢者**　10〜20％

少額の年金のみで生活。預金残高が少なく、社会的ネットワークも乏しい。病気、介護など、何か大ごとが生じた際に、社会的困窮層におちいる可能性がある。

② **「普通生活」高齢者**　70〜80％

年金と金融資産の取り崩しで生活。生活はつつましやかだが、とくに苦しいというわけでもない。いざという際は、家族縁が支え。

③ **「富裕」高齢者**　10〜20％

年金、金融資産（配当など）、不動産所得、事業所得などで生活。社会的ネットワークなども豊富。

これを見ると、メディアでセンセーショナルに報道される「老後破産」「下流老人」のイメージは、一部を切り取ったものだということがよくわかります。

もちろん、「生活困窮」している高齢者が存在しているのは確かですし、そうした人たちを社会がきちんとフォローすべきなのは言うまでもありません。とりわけ、生活保護の受給ハードルは、早急に下げる必要があるでしょう。

一部インターネット上では生活保護バッシングが盛んのようですが、少なくともこれまで税金を払ってきた高齢者には、生活保護を受ける資格も権利もあります。偉そうに文句を言われる筋合いはありません。

いずれにしても、7~8割の人はふつうの暮らし、1~2割の人はそれ以上の豊かな暮らしをしています。むやみに不安がる必要はありませんし、仮に1~2割の「生活困窮」におちいってしまったときは、堂々と福祉を頼ればよいのです。福祉を頼ることは、決して恥ずかしいことではありません。

また、次のようなデータもあります。

金融広報中央委員会の最新調査によれば、70代・2人以上世帯の金融資産(=預貯金、株式、債券、投資信託など)は、平均値で2209万円、中央値でも1000万円だそうです。

【70代・2人以上世帯金融資産保有額】

（金融資産を保有していない世帯を含む）

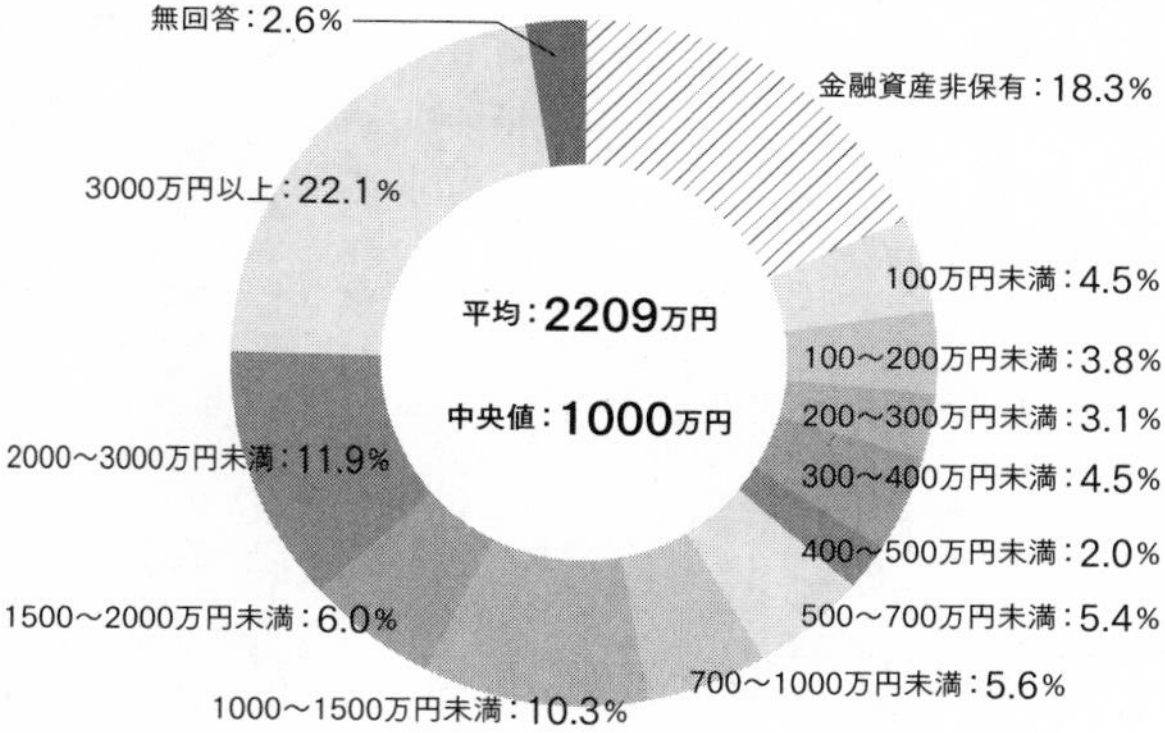

出典：金融広報中央委員会『家計の金融行動に関する世論調査［二人以上世帯調査］令和３年調査結果』をもとに作成

つまり、半数の世帯は、１０００万円以上の蓄えがあるということになります。これで十分だと思えるかは人それぞれでしょうが、少なくとも「老後破産」を心配する必要はないでしょう。

さらに、内閣府が60歳以上の男女に現在の暮らし向きを聞いた調査では、こんな結果が出ています。

「家計にゆとりがあり、まったく心配なく暮らしている」20・1%

「家計にあまりゆとりはないが、それほど心配なく暮らしている」54・0%

合わせると、約4分の3の人が心配なく暮らしていることがわかります。

この調査で興味深いのは、年齢が上がれば上がるほど、経済的な不安は少なくなる傾向があることです。

経済的な面で「不安と思っていることはない」と答えた60〜64歳の男性は、23・6％でした。一方、これが80歳以上の男性になると、45・7％まで増加します。女性にも同じような傾向が見られます。

年をとればとるほど、経済的な不安が増えるようなイメージを抱きがちですが、じつは逆なのです。これぞまさしく「エイジングパラドックス」の典型例といえるでしょう。

メディアのネガティブな報道を真に受けて、自分もやがて「老後破産」するのではないか、「下流老人」になるのではないかと、過度に悲観しないでください。大切なのは、こうした統計的数字のようなデータにもとづいて、冷静に自分の頭で判断することです。

私はよく「感情より勘定」とお伝えしています。感情的になって、いいことは何もありません。

「バラ色」すぎる報道にも問題がある

ネガティブな報道があふれる一方で、じつは逆の現象も起きています。

医師で小説家の久坂部羊さんは、著書『日本人の死に時』(幻冬舎新書)で、「メディアは老いの現実から目をそらし、『バラ色情報』ばかり流している」と批判しています。

久坂部さんは「バラ色情報」の例として、次のようなものを挙げています。


「生き甲斐のある社会を目指して――元気に百歳クラブ」

「80歳でモンブラン登頂、夢に向かって老い知らず」

「創造的な生き方目指して――ニューエルダーピープル大賞」

「アクティブライフ・キャンペーン――長寿と介護の新時代」

「長寿社会を変える――ニューシルバープラン」

「認知症は防げる！　その対策とは　卵黄コリンに注目」

「認知症の遺伝子を眠らせる――若返り遺伝子を活性化」

たしかに、こうした新聞記事の見出しや、広告のキャッチコピーは、みなさんもよく目にするのではないでしょうか。

このような「バラ色情報」に触れることで、元気が出た、勇気が湧いたというなら、それを否定するつもりはありません。しかし、まじめな人ほど次のように考えがちなのも事実です。

「同年代でこんなに元気な人がいるのに、なんて自分はだめなんだろう」

「病気は防げるはずなのに、病気がちな自分は努力が足りないんだ」

このようにマスコミの報道を真に受けて、自分を責めて落ち込んだり、劣等感を抱いたりしてしまっては、幸せな老後を送ることはできません。

こうした「バラ色情報」は、先ほどの「ネガティブ情報」とは一見、真逆のように見えます。しかし、一部だけを切り取って、センセーショナルにあおるという意味では、根っこは一緒です。

私の知り合いの元新聞記者は、敬老の日を前にすると本社から「各地の元気なお年寄りを取材しろ！」という指示が飛んでくると話していました。そうすると、100歳を超えてマスターズで走っているような、珍しいお年寄りを探してきて、取材をせざるをえないのだそうです。

「犬が人を噛んでもニュースにならないが、人が犬を噛んだらニュースになる」

これはイギリスの「新聞王」と呼ばれた、アルフレッド・ハームズワースの言葉です。よくあるできごとよりも、珍しくてインパクトのあるできごとがニュースになりやすい、という意味です。

この言葉は、いまの日本のマスコミの姿をよく表しているなと思います。

認知症になって老々介護に苦しむ、悲劇の主人公のような高齢者。モンブランに登頂するスーパーマンのような高齢者。その間にいる多くの「ふつうの高齢者」が、マスコミにはまったくと言っていいほど出てきません。

それが、世の中に「間違った高齢者イメージ」を広めている、大きな原因だと私は考えています。

これまでの常識をくつがえす「ニューセブンティ」

一方で、これまでの常識をくつがえす新しい動きも生まれています。

そのひとつが、新しい高齢化社会づくりを目指す「未来ビジョン研究所」が提唱する、「ニューセブンティ」（新しい70代）というスローガンです。

ちなみに同研究所の名誉理事には、テレビ、ラジオなどで活躍されている、フリーアナウンサーの生島ヒロシさんが就任されています。

同研究所の所長で、元博報堂の阪本節郎さんは、「ニューセブンティ」について次のように語っています。

「これまで70代といえば、老人、おじいさん・おばあさん、お年寄りが常識で、消費市場からも退場した人たちでした。ところが最近は、当研究所の調査から、そうした社会常識とはまったく異なる現在の70代が見えてきました」

阪本所長のこの発見は、本書の問題意識ともぴたりと重なります。ここでは調査結

【あなたご自身が「なりたい」「こうありたい」大人像を
思い浮かべていただき、それぞれあてはまるかどうかお答えください】

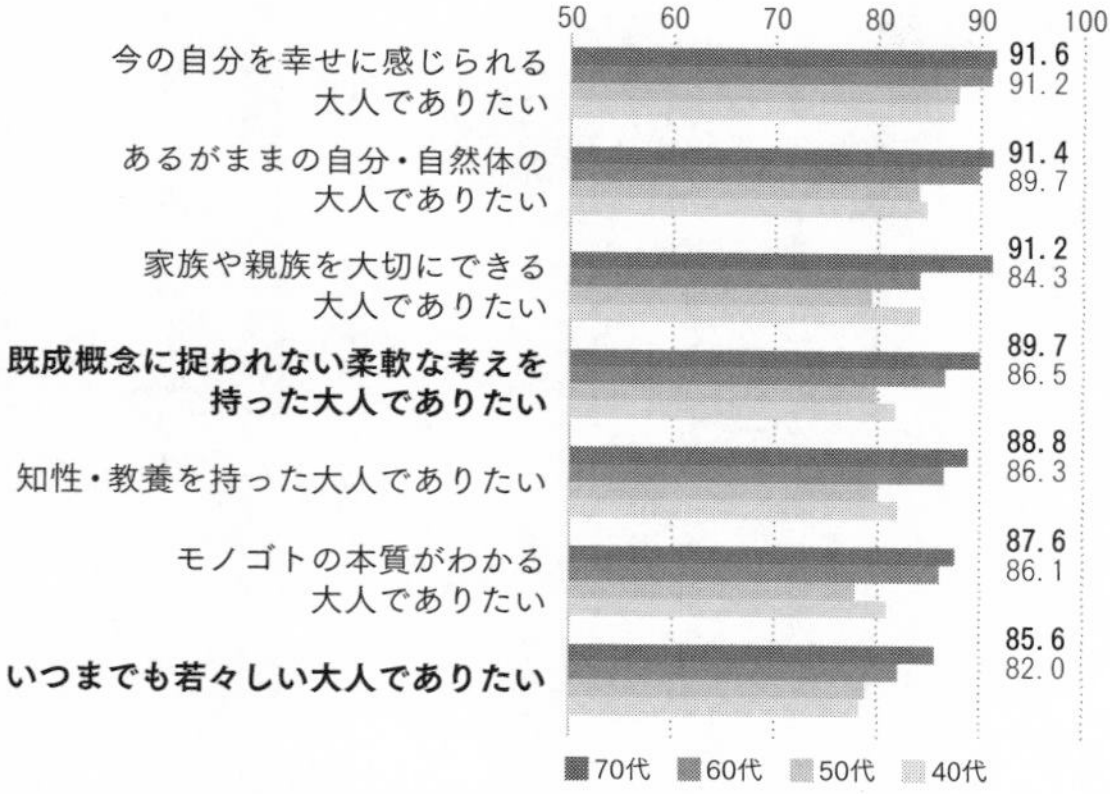

出典：人生100年時代未来ビジョン研究所調査　全国男女40〜70代 2020年6月

果から、一部をご紹介しましょう。

「いまの自分は健康だ」と思う70代は68・2%

70代に入ると病気がちになり、筋肉も脳の働きも衰えていく。そんなイメージを持っている人も多いでしょう。しかし実際には、約7割の人が「自分は健康だ」と考えています。

年代別に見れば、40代が70・2%とやや高めですが、70代とたいして変わらないことがわかります。

男女別では、男性66・6%に対し、女性70・7%。女性のほうが、やや高いという結果となりました。

「何歳になっても若々しい見た目の大人でありたい」と思う70代は80・7％

こちらは見た目についての質問です。年代別にアンケートをとったところ、70代が圧倒的1位という結果になりました。

若い人のほうが、ファッション、メイク、美容、健康などに対する意識が高いと思われがちですが、じつは年をとった人のほうが高い意識を持っていることが、この結果から見えてきます。

同じように、「何歳になっても若々しく、前向きな意識を保ち続ける大人でありたい」という、メンタル面の若さに関する質問でも、70代がほかの世代を圧倒し、1位となっています。

「いまの自分を幸せに感じられる大人でありたい」と思う70代は91・6％

幸福に関する質問でも、9割以上の人が前向きな気持ちを持っていることがわかります。これは先ほどの「幸福のUカーブ」や「エイジングパラドックス」の話ともつながります。

また、次のような質問でも、それぞれ91・4％、89・7％と、ほかの世代を圧倒しています。

「あるがままの自分・自然体の大人でありたい」

「既成概念にとらわれない、柔軟な考えを持った大人でありたい」

ここからも、人生に対する前向きな姿勢が見てとれます。

「NISAによる投資・資産運用」をしている70代の割合は31・3％

こちらはお金に関する質問です。

約3人に1人はNISA（少額投資非課税制度）を利用し、積極的な資産運用をしています。ほかの年代とくらべても、40代の23・2％、50代の18・2％より高いことがわかります。

年をとるとリスクをとらなくなる、新しいものに手を出さなくなる、というイメージは、どうやら間違いのようです。

また、NISA以外の資産運用の実施割合でも、70代は43・6%とほかの世代を引き離しています。「下流老人」のイメージはごく一部で、実際は投資に回すだけの経済的余裕があるということがよくわかります。

「コロナが落ち着いたら国内旅行に行きたい」と考えている70代は67・6%

どの年代も、コロナ後にやりたいことの断トツ1位は「国内旅行」ですが、なかでも70代は、約7割の人が旅行に行きたいと考えています。

これは、ほかの年代とくらべても高い割合です。いまの70代がいかにアクティブかがわかります。

また、消費者として「社会全体に活気を取り戻すのは自分たち世代の役割」と考える人も49・0%と約5割おり、旺盛な消費欲求を持っていることがわかります。

高度経済成長期の日本の消費を支えてきたのは、まさしくいまの70代ですが、それはいまも変わらないのです。

今の70代と、30年前の70代はまったくの別もの

意外な調査結果に、驚きの連続だった人も多いのではないでしょうか。いかに自分が、間違ったイメージを抱いていたか、改めてよく理解できたという人も多いと思います。

しかしそもそも、いまの70代はかつての70代とくらべて、なぜ若々しいのでしょう？　その理由は、大きく分けて二つあると思っています。

一つめは「栄養状態の違い」です。

かつて結核は、日本人の死因の第1位でした。しかし終戦を迎えてすぐに、結核患者は激減しています。いったい、どうしてなのでしょうか？

理由は、日本にやって来たアメリカ軍が、脱脂粉乳（スキムミルク）を配ったからだと私は考えています。脱脂粉乳には、豊富なタンパク質がふくまれています。それ

が、日本人の栄養状態を一気に改善させたのです。

「結核が減ったのは、BCGワクチンのおかげじゃないの？」

そう思った人もいるかもしれません。しかし、日本人がBCGワクチンを打ち始めたのは、1950年代に入ってからです。BCGワクチンでは、終戦後すぐに結核が減った理由が説明できません。

脱脂粉乳だけではありません。戦後になってから、肉、卵、乳製品といった食べものが、ひんぱんに食卓にのぼるようになりました。どれもタンパク質を豊富にふくんだものばかりです。

いまの70代は、子どものころからこうしたものを食べて育っているので、栄養が行き届いていて、血管も丈夫です。それが、いまの70代の若々しさをつくっている、もっとも大きな要因です。

街を歩いていてよく思うのですが、最近の高齢者はみんな身体が大きいと思いませんか？　私が子どものころよく見かけた、背の低いおじいさん、おばあさんはめっきりいなくなりました。

1946年に連載が始まった「サザエさん」をみると、磯野波平は54歳、フネは50ン歳と、いまの感覚からすると、年齢よりかなり老けています。当時は栄養状態が悪く、男性でも身長160センチに満たない人が多く、老けるスピードも速かったのです。

もうすぐ、高度経済成長期に子ども時代を過ごした人たちが、70代を迎えることになります。当然、いまの70代よりも、さらに栄養状態がよくなっているはずです。というわけで、これからの70代は、ますます若々しさに磨きがかかるのではないかと予想しています。

二つめの理由は「知的レベルの違い」です。

語弊があるかもしれませんが、戦前に生まれて皇国史観の教育を受けた人と、戦後に生まれて民主主義の教育を受けた人とでは、やはり違います。ものの見方や価値観も、違ってきて当然です。

民主主義の教育を受け、大学進学率10％台の時代の競争を勝ち抜き、高度経済成長期を支えてきたいまの70代は、ほかの世代とくらべて意欲と能力が高いと、私は思っています。

本もたくさん読むし、自分の頭でものごとを考える習慣もある。パソコンなど新しいことにも積極的にチャレンジする。そうした素地を持っているからこそ、脳が若々しいままでいられるのではないでしょうか。

イギリスの社会学者で、知日派として知られるロナルド・ドーア氏も、団塊世代の頭のよさや能力を高く評価しています。

当時は東大に行けるだけの学力がある人が、試験当日、コンディションが悪くて落ちてしまうと、家が貧乏で浪人することが許されず、会社に就職していました。そして労働組合に入っていったので、経営陣と知的レベルが変わりませんでした。

ところがいまの若い社員は、勉強しなくても大学に行けるので、競争世代の経営者にまったく歯が立たないそうです。

まとめておきましょう。

栄養状態がよくなったことで、若々しい身体でいられるようになった。

知的レベルが高くなったことで、若々しい脳でいられるようになった。

この二つの側面から、いまの70代の若々しさの秘密が説明できるのではないかと考えています。

そろそろ高齢者を「再定義」すべき

WHO（世界保健機構）の定義では、65歳以上を「高齢者」と定めています。そして、そのうち65歳から74歳までを「前期高齢者」、75歳以上を「後期高齢者」と呼んでいます。

日本もほかの国々と同様、この定義にならっています。しかし、時代とそぐわなくなってきているのは、もはや明らかでしょう。

実際、内閣府による最新の調査によれば、「高齢者とは何歳以上だと思いますか？」

という質問に対し、「70歳以上」と答えた人が29・1%、「75歳以上」と答えた人が27・9%を占めています。

一方、現在の高齢者の定義である「65歳以上」と答えた人は、たった6・4%しかいませんでした。それくらい、私たちの実感とかけ離れてきています。

そこで日本老年医学会は、高齢者の定義を65歳以上から75歳以上へ引き上げるとともに、次のような新しい区分を提案しています。

- 65〜74歳「准高齢者」約1754万人
- 75〜89歳「高齢者」約1453万人
- 90歳以上「超高齢者」約178万人

准高齢者というのは「プレ・シニア」のことであって、高齢者を指すわけではないことに注意してください。「これから高齢者になろうとしている人」、あるいは「高齢者の準備段階」といった意味合いになります。

【2015年の人口割合】

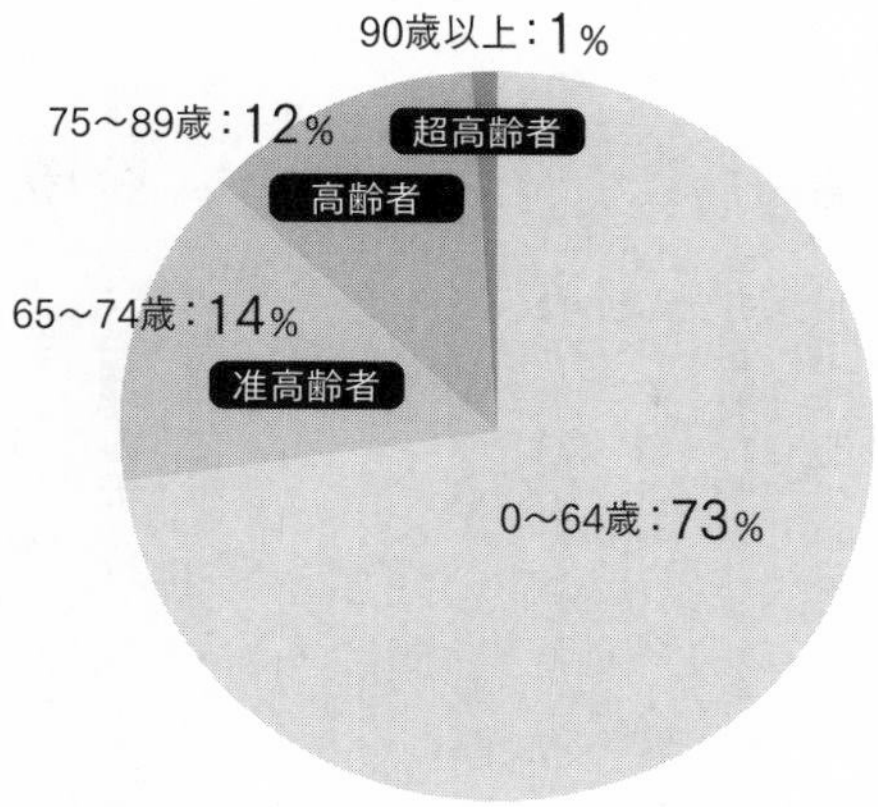

出典：総務省

【高齢者の定義変更の提言】

高齢者の定義に関する日本老年学会・日本老年医学会合同ワーキンググループの検討結果
座　長：甲斐一郎（日本老年学会理事長：老年社会学）［代表］
　　　　大内尉義（日本老年医学会理事長：老年医学）
副座長：鳥羽研二（国立長寿医療研究センター病院長・日本老年医学会副理事長：老年医学）

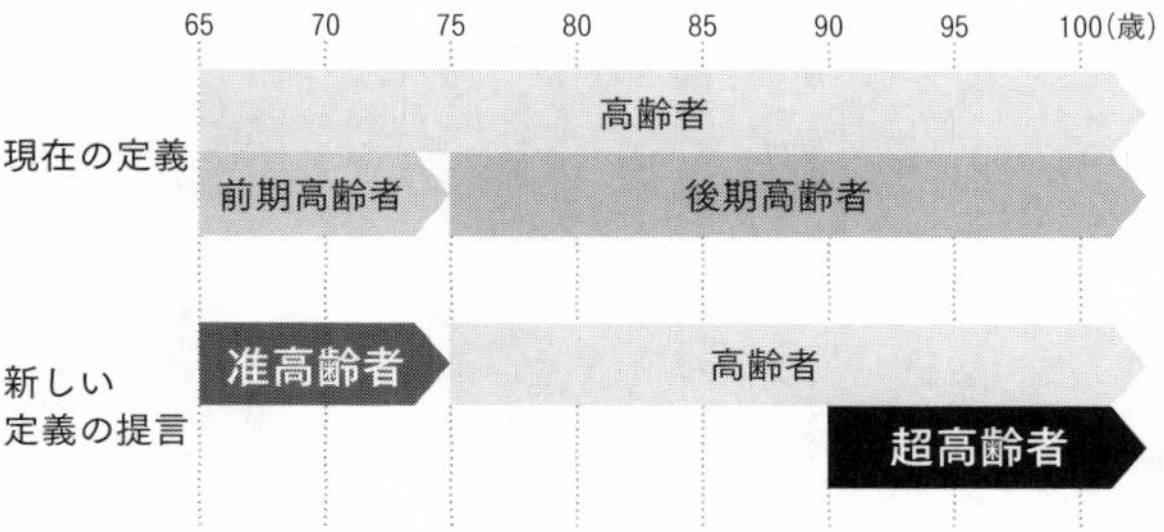

記者会見：2017年1月5日、報告書発行：2017年3月31日
（座長、副座長の役職は記者会見当時）
出典：日本老年学会・日本老年医学会、「高齢者に関する定義検討ワーキンググループ」報告書

この新しい区分を導入することで、これまで高齢者とされていた65～74歳が准高齢者となり、高齢者の人口はおおよそ半分に減ります。

ご存じのように、戦後の第一次ベビーブーム期である、1947～1949年に生まれた世代を「団塊の世代」といいます。この新しい区分にしたがえば、団塊の世代の多くはまだ准高齢者ということになります。

約800万人が出生し、総人口の約5％を占める団塊の世代の多くが高齢者でなくなる。つまり、社会に支えてもらう存在ではなく、社会を支える側にまわることで、がぜん世の中は活気づくでしょう。

たとえば、現在は60歳で定年を迎え、65歳まで再雇用で働くというケースが一般的です。しかしこれからは、70歳で定年を迎え、75歳まで再雇用で働く、あるいは定年を75歳とする可能性も考えられます。

あわせて、公的年金の受給開始年齢も、現在の65歳から70歳、あるいは75歳へと引き上げられる可能性がありえるでしょう。

これをどうとらえるかは人それぞれですが、マクロな視点で考えるなら、喫緊の課題ともいえる社会保障費の削減、労働力不足の解決、そして消費者として経済を回すことによる景気拡大と、いいことしかありません。

高齢者の定義を見直すことで、日本の抱えるさまざまな問題が一気に解決するかもしれないのです。

さかのぼること50年前、1972年の男性の平均寿命は、70・5歳にすぎませんでした。当時、70代は文字どおり「余生」であり、「古来稀」なものであり、「老人」「おじいさん・おばあさん」「お年寄り」のイメージでした。

しかし、「人生100年時代」を迎えようとしているいま、そのイメージはとっくに過去のものになっています。

仮に「人生100年」とするなら、70歳はまだ人生の10分の7にすぎません。ということは、「人生70年」だったころの49歳と同じです。それくらい、高齢者をめぐる状況は変化しています。

いまこそ発想を大胆に転換し、みなさんで70代をアップデートしていきましょう。

第3章　健康寿命は思うより長い！

「健康寿命」はただのアンケート結果だった

厚生労働省が2019年に発表した、日本人の健康寿命は、男性が72・68歳、女性が75・38歳でした。

健康寿命の定義は、「健康上の問題で、日常生活が制限されることなく生活できる期間」とされています。そう聞くと、「じゃあ、72歳になったら介護が必要になるの?」と思う人もいるかもしれません。

まさか、そんなわけはありません。先ほどのデータにもあったように、70代の約7割は「自分は健康だ」と思っています。私の臨床現場における実感でも、70代の人の多くはピンピンしています。

厚生労働省の調査でも、介護サービスを1年間継続して使った人は、70代前半では男女ともたった4%しかいません。72歳で健康寿命を迎えるという考えは、明らかに実態とかけ離れています。

いったいなぜ、こんな乖離が起きているのでしょうか。原因はずばり、健康寿命の算出方法にあります。

健康寿命がどう決められているのか、みなさんはご存じでしょうか？　平均寿命のように、客観的な数字をもとに決められていると思っている人も多いのではないかと思います。

じつは、健康寿命は厚生労働省によるアンケート調査で決められています。全国から無作為に抽出された男女を対象に、「あなたは現在、健康上の問題で日常生活に何か影響がありますか？」と尋ね、「ある」と回答した人は不健康、「ない」と回答した人は健康とみなして算出されたものなのです。

この聞き方では、病気ではないけれど、なんとなく体調がすぐれない人も「ある」と答えるでしょうし、たまたま風邪をひいていた人や、ケガをしていた人も「ある」と答えるでしょう。

逆に「ない」と言いきれる人がどれだけいるでしょうか？　誰だって不調のひとつ

やふたつ、あると思います。

このように健康寿命というのは、きわめて主観的であやふやなものなのです。そんなものを真に受けて、年をとることを恐れたり、健康寿命を伸ばそうとやっきになったりする必要はありません。

「本当の健康寿命」は男女とも80歳以上

私たちが本当に知っておくべき数字は、健康寿命ではなくほかにあります。

２０１２年に発表された「健康寿命の算定方法の指針」という説明書では、65歳の人が亡くなるまでの間、要介護認定を受けずに自立して生活している期間と、要介護認定を受けて自立できなくなった期間、それぞれどれくらいあったのか、という調査をしています。

調査結果によると、65歳男性の平均余命は18・9年。そのうち、自立している期間が17・2年、自立できなくなった期間が1・6年でした。女性の場合は、平均余命が

24・0年。自立している期間が20・5年、自立できなくなった期間が3・4年でした。

つまり、男性は82・2歳まで、女性は85・5歳までは、介護の必要もなく健康でいられるということです。

「男性82歳、女性85歳」

私はこの数字こそが、「本当の健康寿命」ではないかと思っています。


もうひとつ強調しておきたいのは、男性の「自立できなくなった期間」がたった1・6年であるという事実です。

72歳で健康寿命を迎えたあとは、81歳の平均寿命を迎えるまで、ベッドの上で寝たきりで過ごすことになる。そんなふうに想像していた人もいるかもしれません。それでは年をとりたくないと思うのも当然でしょう。

実際は、介護が必要になるのは、死ぬ前のわずか1年半ほどなのです。もちろん、これは平均値ですから、もっと少ない人もたくさんいます。

そう思えば、年をとることが怖くなくなるのではないでしょうか。

人間の肉体は思っているほど衰えない

人間の肉体というのは、私たちが思っているほど衰えません。

たしかに、30歳のときと70歳のときの筋肉量をくらべると、筋肉量は30％ほど減ります。ですが、30歳と70歳では生活の内容がまったく違います。

30歳のときは、ハードな仕事を要求されることもあったかもしれませんが、70歳の高齢者に重い荷物を持たせたり、全力疾走させたりする人はいないでしょう。

つまり、30％ほど筋肉量が減っても、70歳の日常生活に影響を与えるほどではないということです。70歳らしい生活を送ることのできる肉体は、たいていの人が維持できます。

それを裏づけるのが、東京都が行なった高齢者の生活実態に関する調査です。

１９８０年の時点では、杖などを使わずに歩くことができる65～69歳の割合は90％以下でした。しかし、２０００年にはその割合が95％を超えています。

75〜79歳の場合でも、1980年では80%を切っていたのが、2000年には90%近い人が自分の力だけで歩くことができています。

さらに20年近くたった現在では、自力歩行の割合はおそらくもっと高くなっているでしょう。

高齢者というと、杖や車いすをイメージしがちです。しかし、高齢者の日常生活能力は、昔とくらべて断然高くなっています。

あれもできなくなった、これもできなくなったと、若いころの自分とくらべて嘆くよりも、あれもできる、これもできると、まだできることを数えたほうが、幸せな毎日を過ごせるのではないでしょうか。

もっともスポーツに熱心なのは70代

みなさんは、平日の昼間にスポーツジムに行ったことがありますか? 聞くところによると、集まっているのはお年寄りばかりだそうです。

お年寄りが運動に励んでいる姿を見る機会は、ふだんあまりないでしょう。ですから、その光景を見たある人は「いまのお年寄りはこんなに元気なのか！」と大変驚いたそうです。

三菱総合研究所の調査によると、フィットネスクラブやスポーツ施設を利用している割合は、50～54歳では10％なのが、年齢が上がるとともに増加し、70～74歳で18％とピークを迎えます。

運動やスポーツといえば、若い人がやるものというイメージがあるかもしれません。ところが実際は、運動やスポーツにもっとも積極的にとり組んでいるのは70代だったのです。

また、60～79歳の男女を対象にした大和ネクスト銀行の調査では、「日頃からスポーツ・運動を行なっているか？」という質問に、67％が「はい」と答えています。つまり、3分の2の人は、日常的に身体を動かしていることになります。

「どのようなスポーツを定期的に行なっているか？」という質問では、ウォーキング（73・7％）が飛び抜けて多く、以下、ゴルフ（14・4％）、ヨガ・ストレッチ（14・1

【シニアが日頃行っているスポーツ・運動】

（複数回答形式。対象：スポーツ・運動をしている人）

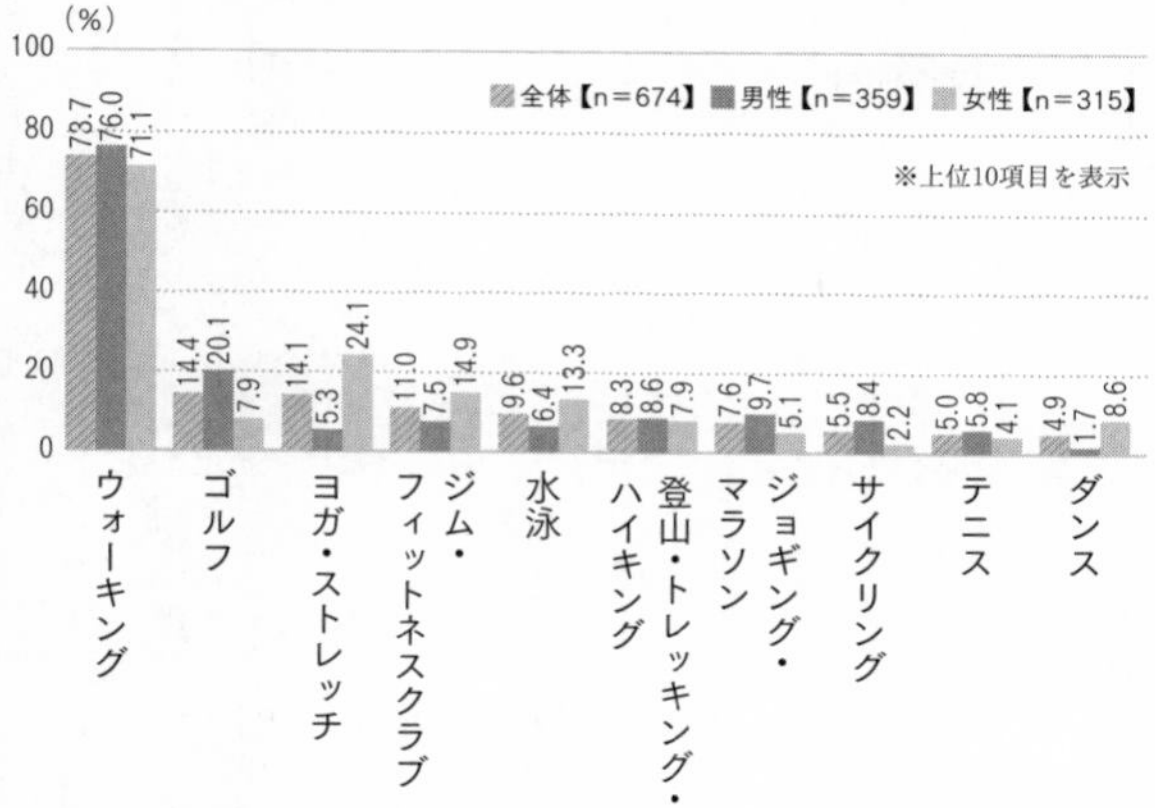

出典：大和ネクスト銀行

%）、ジム・フィットネスクラブ（11・0%）、水泳（9・6%）、登山・トレッキング・ハイキング（8・3%）と続きます。

　ちなみに、高齢者のスポーツといえば、ゲートボールを真っ先に思い浮かべる人が多いと思いますが、このランキングには入っていません。実際、ゲートボール人口は年々減り続けており、1996年には56万人だったのが、2016年には9万人まで激減しているそうです。

　たしかに、若いころからゴルフやテニスを楽しんできた人たちが、年をとったからといって、いきなりゲートボールを始めるほうが不自然です。年寄りというのは早起きをして、ゲートボールをして、演歌を歌って、水戸黄門を見るものだ――こうした発想は、とっくに時代遅れなのです。

もうひとつ、興味深いデータをご紹介しましょう。笹川スポーツ財団の調査では、2002年に22・2%だった70歳以上のスポーツ実施率が、2018年では54・2%に増えたそうです。

つまり、スポーツをしている70歳以上の人が、16年間で2・5倍近くになったということになります。このデータからも、高齢者が年々、アクティブになっている実態が見えてきます。

高齢者こそもっと「牛肉」を食べなさい

「年をとったら、魚・野菜中心のヘルシーな食事にするべき」
「粗食で質素に暮らすのが、高齢者の正しいあり方だ」

みなさんはこうした思い込みにとらわれていませんか？　これも「間違った高齢者イメージ」のひとつです。

私はむしろ、高齢者こそ肉を食べるべきだと考えています。なかでも牛肉を食べることが重要です。実際、健康長寿を実現しているお年寄りは、積極的に牛肉を食べている人が多いのです。

たとえば、2017年に105歳で亡くなった医師の日野原重明さんは、大のステーキ好きとして知られていました。100歳を超えても、週に2回はステーキを食べていたそうです。

2021年に99歳で亡くなった、作家で尼僧の瀬戸内寂聴さんも、亡くなる直前までステーキをペロリとたいらげていたといいます。牛肉が何より大好物で、食卓に魚が続こうものなら、「いつも魚ばっかり」と不満をこぼしていたそうです。

プロスキーヤー・登山家の三浦雄一郎さんも、ステーキをパワーの源にしています。今年で90歳を迎える三浦さんですが、週に1、2回は300グラムの牛肉を食べ、月に1回はなんと1・5キロのステーキを息子さんと二人で食べるそうです。

医師、作家からアスリートまで、高齢になっても能力を維持し、現役で活躍している人たちには、決まって牛肉を食べる習慣があります。これは医学的に見ても、ただの偶然ではありません。

牛肉には、良質なたんぱく質が豊富に含まれています。たんぱく質は、筋肉や血管をつくる材料となる大切な栄養素です。

たんぱく質が不足すると、フレイル（加齢により体力や気力が弱まっている状態）やサルコペニア（加齢による筋肉量の減少・筋力の低下）になりやすいことがわかっています。

筋肉量が減少すれば、代謝が悪くなり、体温が下がります。すると免疫力が低下し、風邪やインフルエンザにかかるリスクも高くなります。逆にいえば、良質なたんぱく質をきちんと取って、筋肉量を維持していれば、新型コロナウイルス感染症に負けない免疫力を得ることにつながるのです。

さらに牛肉には、体内ではつくり出すことのできないトリプトファン、イソロイシン、フェニルアラニンなど9種類の必須アミノ酸や、血液中のヘモグロビンをつくるヘム鉄といった栄養素も多く含まれています。

とくにトリプトファンは、脳内の神経伝達物質のセロトニンの材料となる、きわめて大切な栄養素です。

セロトニンは、ドーパミン（やる気や快感を高める作用）、ノルアドレナリン（恐れや怒りなどに関係）とならぶ三大神経伝達物質のひとつで、心や身体をリラックスさせたり、感情をコントロールしたりする作用があります。別名「幸せホルモン」とも呼ばれています。

年をとると、意欲が湧かないとか、イライラするとか、身体のあちこちが痛いとか訴える人がいます。それは、加齢にともなうセロトニンの減少が原因のひとつと考えられています。

セロトニンを増やすには、さまざまな方法が知られています。

●朝の太陽の光を十分に浴びる

・適度な運動（ウォーキングなど）を心がける
・食事はよく噛んで食べる（咀嚼運動）
・ゆっくり腹式呼吸をする

しかし、もっとも手っとり早くて効果的なのは、牛肉を食べることです。牛肉を食べて、セロトニンの材料となるトリプトファンを増やすのです。いくら太陽の光を浴びようとも、運動をがんばろうとも、材料がなければセロトニンをつくることはできません。

このように牛肉を食べることは、身体はもちろんのこと、心を健康に維持する効果もあるのです。

コレステロールは下げなくていい

「肉をもっと食べてください」とお伝えすると、コレステロールを気にされる方がよくいます。

たしかに肉には、コレステロールが豊富に含まれています。日本では長年、コレステロールは動脈硬化を引き起こし、心筋梗塞や脳卒中など重大な病気の原因になると言われてきましたから、控えたほうがいいと考えるのでしょう。

医学界でも、コレステロールは悪者扱いです。「悪玉コレステロール」と呼ばれるLDLコレステロールの基準値は、139㎎／dl以下。それを超えると、たちまちコレステロールを下げる薬が処方されたりします。

しかし、コレステロールは本当に「悪者」なのでしょうか？　実はコレステロールは、私たちの身体にとって、欠かせない要素でもあるのです。

まず、コレステロールは、細胞を包む「細胞膜」の材料になります。人間の身体の細胞の数は、60兆個にものぼると言われます。これら一つひとつに、コレステロールが関係しているのです。

また、皮ふ近くのコレステロールは、日光を浴びることでビタミンDの前駆体になるとも言われます。ビタミンDは脂溶性のビタミンで、カルシウムの吸収を助けるなど、身体づくりをサポートしてくれる大事な栄養素です。

ビタミンDは、最近とくに注目されており、免疫力アップや、がん、糖尿病の予防、アレルギーの症状改善にも有効であるとの研究も進んでいます。海外では、新型コロナウイルスの感染防止にも役立つのではないか、との報告もあります。

コレステロールは寿命にも関係しており、コレステロール値が高いほうが長生きできる、という調査結果は多数存在します。また、小太りな人のほうが6~8年長生きできるという、5万人規模のデータもあります。

ハワイの住民調査では、コレステロール値が高いほどがんになりにくい、ということもわかっています。コレステロールは、がん細胞のもとになる細胞を掃除してくれる免疫細胞の材料になるからです。コレステロール値が高い人ほど、免疫力が高い傾向にあるといえるでしょう。

先ほどお話しした「幸せホルモン」セロトニンを脳に運ぶのも、コレステロールの役割です。実際、コレステロール値が低い人ほど、うつ病になりやすいというデータがあります。

それだけではありません。コレステロールは、男性ホルモンの材料になります。

男性の場合、年をとるにしたがって、男性ホルモンがじわじわと減少していきます。

すると、疲れやすい、発汗、めまいといった身体症状のほか、気力や集中力の低下、うつ、記憶力の低下などの精神症状が出てきます。

これが、いわゆる「男性更年期障害」と呼ばれるものです。

少し前までは、更年期といえば女性特有のものと思われていましたが、男性にも更年期があることが、徐々に知られるようになりました。漫画家のはらたいらさんが男性更年期障害であることを告白し、その恐ろしさを提起されたことが大きなきっかけになったと思います。

更年期障害とまではいかなくても、男性ホルモンが不足すると好奇心、意欲などが減退し、何かを学ぼう、身体を動かそう、人とつき合おう、楽しいことをしよう、という気持ちになれなくなります。それでは、70代という「人生の黄金期」を満喫することはできません。

このようにコレステロールは、私たち人間の身体に欠かせない物質です。もちろん、極端にコレステロール値が高いのは問題ですが、少しオーバーしたくらいで気にする必要はまったくありません。

海外に目を向ければ、欧米では日本のような厳しい基準をもうけていません。心疾患が死因トップのアメリカですらそうなのです。一方、日本では心筋梗塞で亡くなる人は、がんの12分の1にすぎません。これは先進諸国の中でも、格段に少ない部類です。

肉を控えて、コレステロールを減らすことでもたらされるデメリットのほうに、日本人はもっと目を向ける必要があるのではないでしょうか。

お酒もたばこも我慢しなくていい

以前、NHKのドキュメンタリー番組で、故・瀬戸内寂聴さんがステーキやお酒を楽しんでいらっしゃる姿が放映されました。

「年をとっても、こんなに元気でいられるなんて素晴らしい」

「自由奔放な生き方を見て、自分も勇気をもらった」

こうした意見が多くあった一方で、「みっともない」「ぜいたくなんかすべきではない」といった批判が、一部で見られました。

これは寂聴さんが僧侶でいらっしゃること、そして女性であることも影響していると思いますが、何より高齢であることも大きいと思います。

なぜか世間には、「年をとったら質素であるべき」「欲は持たずに淡々と生きるべき」といった、根拠のない押しつけがあります。それに反する行動をしようものなら、「いい年をして」「年甲斐もなく」と言われてしまいます。

さらに問題なのは、高齢者自身も、その押しつけを「そういうものか」と受け入れてしまっている点です。好き勝手に、やりたいことをやればいいのに、みずから自由な人生を手放してしまっているのです。

私は患者さんに、よくこうお伝えしています。

「したいことは我慢せずに、どんどんやってオーケーです」

お酒だって、自分でコントロールできる範囲でしたら、ビールでも、日本酒でも、焼酎でも、気にせず飲んでもらってかまいません。

もし、医師の立場からおすすめするとしたら、赤ワインでしょうか。赤ワインには抗酸化作用のあるポリフェノールが豊富にふくまれており、動脈硬化などの生活習慣病や、認知症の予防、アンチエイジングなどに効果があると言われています。

肝臓は昼間のほうが元気ですから、近所のイタリアンのお店でランチコースを楽しみながら、赤ワインをいただく、というのも楽しいかもしれません。

言うまでもなく、朝から晩までお酒を飲みつづける「連続飲酒」状態におちいったり、酔って人に暴力をふるったりするのは論外です。しかし、それは若い人だろうが、高齢者だろうが関係ないでしょう。

ようするに、「高齢者だからお酒を飲んではいけない」という道理はない、と言いたいのです。

たばこも同じです。最近ではすっかり悪者扱いですが、たばこに含まれるニコチンには、イライラ解消に役立つ作用があると言われています。自殺のリスクを下げるという説もあります。

また、私が長年勤務した、高齢者医療を専門とする浴風会病院（東京都杉並区）に付属する高齢者施設のデータでは、「高齢者は、たばこを吸っても吸わなくても、生存曲線は変わらない」という結果が出ています。

決して「たばこに害はない」と言っているわけではありません。よく知られているように、肺がんなどのリスクが高まるのは事実です。ただ、たばこを吸って早死にする人は、高齢になる前に亡くなっているのです。

つまり、高齢になったら、いまさらたばこを吸おうがやめようが、寿命には関係ないということです。

「お父さん、もう年なんだから、たばこはやめたら？」

家族からそんなことを言われた経験のある、愛煙家の方もいるでしょう。ところが実際には、たばこをやめたほうがいいのは高齢者ではなく、むしろ若い人のほうだったのです。

高齢者を縛る「エイジズム」という呪い

「いい年をして」

「年甲斐もなく」

こうした言葉に代表される、年齢による偏見・差別のことを「エイジズム」といいます。アメリカ国立老化研究所の初代所長をつとめたロバート・バトラー氏が、1969年に提唱した概念です。

からかうつもりで「もう年なんだから」と言ったり、派手な服を着ている人に「年相応にしなさい」と言ったりすることはもちろん、高齢者はスマートフォンやパソコンが使えないと決めつけたり、運転免許の返還を迫ったり、年齢を理由に雇用契約を結ばなかったり、賃貸住宅への入居を拒否したりすることも、エイジズムに該当します。

エイジズムは、レイシズム（人種差別）、セクシズム（性差別）につづく、3番めの重大な差別であるとされています。しかし、世の中を見ていると、レイシズムやセクシズムには敏感すぎるほど敏感なのに、なぜかエイジズムは許容されているように思えてなりません。

実際、米オクラホマ大学の調査によれば、対象者（50～80歳の男女、２０３５人）のうち93・４％が、日常生活の中でたびたびエイジズムを経験していることが明らかになっています。

研究チームはこの結果を受けて、「エイジズムはもっともありふれた形の差別であり、またもっとも社会的に容認されている差別」かもしれないと指摘しています。

ポリティカルコレクトネス（人種・宗教・性別などの違いによる偏見・差別を含まない、中立的な表現や用語を用いること）が浸透し、もし差別的な発言をしようものなら一発で社会的地位を失うようなアメリカでさえこの結果なのです。

もし日本で同じような調査をしたら、目を覆うような結果になることは間違いありません。

エイジズムの根底には、高齢者に対するステレオタイプ（固定観念、思い込み）があります。アメリカの心理学者、スーザン・フィスク氏は、若い人が高齢者に期待する行動として、典型的な3つのパターンがあるとしています。

①継承
年配の人は、若い世代のために道を譲るべきだ。
②消費
限られた資源を、年配の人ではなく若い人のために使うべきだ。
③アイデンティティ
しゃべり方や服装など、若い人のアイデンティティを盗まないでほしい。年をとったら、相応にふるまうべきだ。

みなさんにも思い当たるふしはないでしょうか？
エイジズムのいちばん怖いところは、自分で自分を差別してしまうことです。

「もう自分は年だから、若い人のために会社を退こう」

「自分のような年寄りが、ぜいたくをするのは申し訳ない」

「着てみたい服があるけれど、年相応にふるまうことにしよう」

こんなふうにです。心理学ではこれを「内面化」といい、外側にある価値観やルールを、自分のものとして受け入れてしまうことを指します。

エイジズムを内面化して、自分を制限してしまうと、行動範囲がどんどん狭くなり、身体も脳も衰えていきます。自信や意欲を失うことで、最悪、うつ病などの精神疾患にもなりかねません。

そうならないためにも、人の目を気にすることなく、やりたいことは我慢しないでやったほうがいいのです。

みなさんは、本当はしたいのに我慢していることはありませんか？　もしあるのなら、すぐに実行に移してください。

そんなのないよという人も、心の奥底を探ってみれば、自分でも忘れていた「したいこと」が出てくるかもしれません。ページをめくる手を止めて、少しの間、考えてみてください。

「いい年をして」

「年甲斐もなく」

こうした言葉は、あなたを縛る「呪いの言葉」です。

死ぬ前に「あのときやっておけばよかった」と後悔しないためにも、したいことは我慢しないでください。

医者から学ぶより、元気なお年寄りから学ぼう

みなさんはゴルフを習うとき、ゴルフが上手な人に習うと思います。英語が上手になりたいなら、英語が上手な人から教わるはずです。

ビジネス書では、「もし成功したいと思っているなら、成功者から学ぶのが成功する最短ルートだ」といった言葉もよく目にします。

それと同じように、年をとっても若々しく、元気でいたいなら、年をとっても若々

しい人、元気に生きている人から学ぶべきです。日野原重明さんや瀬戸内寂聴さんのような、長寿をまっとうした有名人や、自分のまわりにいる元気なお年寄りを見本にするべきなのです。

ところが、多くの人は医者の言うことばかり聞いてしまいます。医者というのは「病気を治すのが上手な人」であって、人生の後半戦を幸せに生きる方法を知っている専門家ではありません。

もちろん、すべての医者が間違ったことを言っているとは言いません。

たとえば、私が信頼を寄せている医者で、柴田博先生という方がいらっしゃいます。柴田先生は老年医学のオーソリティーで、私が解説文を寄せた『長寿の嘘』(ブックマン社)という本からは、大きな刺激をもらいました。

なぜ柴田先生が信頼できるかというと、先生は100歳を超える長寿者を実際にたくさん見てきたからです。長寿者の方から学ばせていただくという素直な姿勢で、一人ひとりの長寿者と向き合い、調査・分析を積み重ねてきました。

すると、医学のセオリーから外れた事実が、次々と浮かび上がってきたのです。たとえば、以下のような事実です（『長寿の嘘』より）。

- 日本人に必要なのは魚よりも肉
- 粗食や腹八分目は必要ない
- 脂肪摂取量の多い人が長生きである
- コレステロールの数値は高くてもいい

私自身、臨床の現場で6000人以上の高齢者の方と接してきました。年をとっても若々しい人、元気に生きている人から、たくさんのことを学んできました。柴田先生の唱えるこれらの事実は、そんな私の見解とぴたりと一致します。

もちろん、年をとったら病院は遠ざけられない場所です。でも、医者の言うことをうのみにするのか、自分の頭で考えて判断するのか、どちらを選ぶかは自分で決めることができます。

もし、病院にかかるなら、かかりつけ医を決めておくことをおすすめします。自宅から近い内科クリニックの医者、いわゆる町医者と呼ばれる人を主治医にするのがよいでしょう。

町医者は臨床の現場で、日々、地域の高齢者と接している人が多いからです。大学病院よりも、トータルな視点で健康を考えてくれるでしょう。体調面などで不安なことがあれば、適切なアドバイスをしてくれるはずです。

もちろん、なかには横柄だったり、勉強が足りなかったりする医者もいるでしょうから、そのときはクリニックを変えればいいだけです。

年をとっても元気な人を、自分のロールモデルにすること。大学病院よりも、高齢者のリアルな姿を熟知している医者にかかること。それが「人生の黄金時代」を輝かせる、重要なポイントになります。

第4章　「いいこと」をさらに10倍に増やす

「おおっぴらに言えないこと」こそ最高のクスリ

「したいことは我慢せずに、どんどんやってオーケーです」

先述したように、私は高齢者のみなさんに、よくこのようにお伝えしています。すると、こんな質問を受けることがあります。

「ギャンブルはどうですか？　キャバクラはどうですか？　マッチングアプリはどうですか？」

私は「もちろん、どんどんやってください」とお伝えしています。

お酒やたばこと同じように、「自分でコントロールできる範囲で」というのは大前提ですが、こうした「おおぴっらに言えないこと」は、人によっては最高のクスリになるからです。

まじめ一筋で人生を歩んできた人は、これまでたくさん我慢して、たくさん遠慮してきたことと思います。だからこそ、会社に勤めていたころ、子育てをしていたころには思いもつかなかった、不道徳なこと、不謹慎なことにチャレンジしてみてほしいのです。

不良少年ならぬ、「不良高年」になってみるのです。

なぜ、「おおぴっらに言えないこと」がよいのかというと、脳の前頭葉を活性化させるからです。

第2章でお伝えしたように、身体や脳の機能の老化を防ぐには、前頭葉の老化を防ぐことがカギとなります。そして、前頭葉の老化を防ぐには、「数独」や「100マス計算」をやるよりも、なんでもよいので「新奇なこと」をするのが効果的だとお伝えしました。

山に登る、絵を描く、日曜大工をする、ボランティアをする。こうした「みんなに言えること」をやるのも、それが本当にやりたいことなら、もちろん悪いことではありません。まわりの人から「若いですね」「すごいですね」とほめられて、自己肯定感も上がるでしょう。

ただ、山に登るのも、絵を描くのも、日曜大工をするのも、ボランティアをするのも、多少新奇性に欠けるように感じます。これまでの人生の延長線上にあるもので、脳は想定内のこととして受け取ってしまいます。

もっと自分の殻を破るようなこと、脳をびっくりさせるようなことをしたほうが、前頭葉を刺激することにつながります。そこで、これまでまじめに生きてきた人にこそおすすめしたいのが、「おおぴっらに言えないこと」というわけです。

予測不可能なことが前頭葉を活性化させる

「おおぴっらに言えないこと」といえば、まずギャンブルが挙がるでしょう。

競馬・競輪・競艇などのギャンブルや、株、FX（外国為替証拠金取引）などの投資は、お金がかかっているだけに頭を使います。自然と勉強をすることにもなるので、脳によい影響を与えることができます。

また、ギャンブルは外に出かけるきっかけになりますし、投資はパソコンやインターネットに触れるきっかけになります。老後資金をなくさない程度に、遊びでやるのであれば、好ましい趣味といえるでしょう。

全国展開しているデイサービス施設「ラスベガス」では、カジノをレクリエーションにとり入れています。もちろん、本物のお金を賭けるのではなく、施設内だけで使える「ベガス」という通貨を使うそうです。

施設内では、パチンコ、マージャン、ブラックジャックなどを楽しむことができます。一般的なデイサービスのメニューが合わない人も、これなら楽しめるうえ、手先の機能維持や、脳の活性化にもつながるとして、多くの高齢者から人気を集めているようです。

ギャンブルや投資のいちばんいいところは、どれだけ考えても予想どおりにはいかないところです。予想どおりにいくなら、誰もが億万長者になってしまいます。それが前頭葉にとっていいのです。

前頭葉は、予測不可能なことにとり組んだり、意外性のあることに対処することで活性化します。ですから、マージャンや将棋といったゲームも、前頭葉を刺激するにはうってつけです。相手は自分の期待どおりの手を打ってこないからです。

逆にいうと、結果の予測がついてしまうこと、意外性のないことは、前頭葉を刺激しません。現役時代、事務などのルーティン仕事をしていた方はとくに、ギャンブルやゲームなどの趣味を持つことで、前頭葉を刺激する習慣をつけたほうがいいかもしれません。

テレビゲームも、最近はインターネットを通じて、知らない人と対戦することができるようになりました。一人でソリティアをやっても前頭葉への刺激はあまり期待できませんが、こうした対戦ゲームであれば、前頭葉を強力に刺激してくれるかもしれません。

若い人の間では、eスポーツ（エレクトロニック・スポーツ）が大人気ですが、eスポーツを高齢者のフレイル予防や健康維持に役立てようとする取り組みも、全国の自治体で始まっています。

秋田県では「マタギスナイパーズ」という、高齢者のプロeスポーツチームも誕生しました。メンバーはジュニアも含めて60歳から74歳までの男女18人で、平均年齢は68歳。ゲーム歴のない初心者がほとんどだというから驚きです。

これも「実験」だと思って、みなさんも一度、チャレンジしてみてはいかがでしょうか？

キャバクラやポルノも悪いものではない

キャバクラやマッチングアプリも、これまでまじめに生きてきた人には無縁の存在だったかもしれません。だからこそ、前頭葉にかつてない刺激を与えることができるといえます。

胸がときめくことで男性ホルモンも分泌されるので、意欲や好奇心も湧いてくることでしょう。

実際、たまに銀座に行くと、私の二回りは上だろうと思われるおじいさんが、驚くような美人を連れて歩いているのを目にすることがあります。また、モナコを旅したときは、派手なフェラーリから降りてくるのは、決まって女性を連れたおじいさんでした。

そうした人たちは、みんな一様に若々しく、はつらつとして見えました。そもそも元気だから異性とつき合えるのでは、という見方もあるかもしれませんが、異性とつき合うことで、前頭葉と男性ホルモンが活性化している、という見方もできると思います。

奥さんがいるので、キャバクラやマッチングアプリはちょっと、という方は、スナックや小料理屋で気の合うおかみと話をするくらいでもいいでしょう。それくらいなら、奥さんも許してくれるのではないでしょうか?

あるいは、「疑似恋愛」をしてみるのもいいでしょう。たとえば、アイドルの追っかけなどです。

最近では、実際に会いに行ける「地下アイドル」がたくさんいます。インターネットなどでいいなと思った女の子やグループを見つけて、ライブ会場に足を運んでみるのも楽しいかもしれません。

もっといえば、風俗やピンク映画(最近は常設館はかなり減りましたが)、ポルノグラフィといった性的なエンターテインメントも、決して悪い趣味ではありません。もちろん、人に迷惑をかけたり、法律に触れるようなことをしないことが大前提です。

ユニークなところでは、浅草には「ロック座」という昔ながらのストリップ劇場がいまも営業しており、お年寄りはもちろん、若い人にもひそかな人気を呼んでいるそうです。中にはカップルで見にくる人もおり、なかば観光地と化しているようです。ためしに一度、のぞいてみるのも面白いでしょう。

年をとった人が、性的なことに興味をもつと、なぜか「色ボケ」「気持ち悪い」などと敬遠されることがあります。しかし、性的なことに興味をもつのは健康な人なら当たり前のこと。

たとえば若い人が風俗へ行ったり、ポルノを見たりすることは何も言われないのに、年をとった人が同じことをすると非難されるのは、「エイジズム」そのものです。これは立派な差別なのだと、自覚するべきです。

日本人は、年をとったら枯れていくのが当然と思いがちです。しかし、みずから枯れる必要なんてありません。もし性欲があるのなら、自分はまだまだ若い、と胸を張っていいのです。

「のんびり散歩」で地元の魅力に気づく

年をとってリタイアすると、現役時代のように、自宅と職場を往復する毎日ではなくなります。するとたいていの人は、地元とその周辺が、おもな活動範囲になってきます。

「なんだかつまらない毎日になりそうだなあ」

そう思った人は大間違いです。私はむしろ、70代だからこそ得られる楽しみのひとつだと思っています。

とくに男性の場合、何十年と暮らしていても、意外と地元のことを知らないものです。そこで、いままで知らなかった地元の魅力をさがす「冒険」に出てみてはいかがでしょうか。

ちょっと近所を散歩してみれば、雰囲気のいい居酒屋さんがあったり、おいしいコロッケを売っている肉屋さんがあったり、何度も前を通っているのに目に入っていなかった史跡を見つけたり、小学校の通学路で見守りボランティアをしている人がいることに気づいたり、新しい発見がたくさんあることがわかります。

ひたすら歩くだけのウォーキングよりも、私はこうした「のんびり散歩」をおすすめしています。歩くことで足腰が鍛えられるのはもちろん、目に映るものに興味・関心を持つことで、前頭葉を刺激することができるからです。

新しい発見をしたら、ぜひ「実験」をしてみてください。気になる居酒屋を見つけたなら、ちょっと勇気を出して入ってみましょう。地元のよしみですから、きっと温かく迎えてくれるはずです。

ある人は、居酒屋で知り合った常連さんに誘われて、初めて夏祭りのおみこしをかついだそうです。

「もう何年もここに住んでいるのに、どこかアウェイな感じがしていましたが、ようやく地元に溶けこめたような気がしました」

こう、満足げに話していたといいます。自宅と会社を往復するだけの毎日だったころには、予想もしなかったできごとでしょう。

見つけた史跡をきっかけに、地元の歴史を調べてみるのも面白いと思います。図書館に行けば、郷土史の資料がたくさんあるはずです。「のんびり散歩」のついでに、ふらっと立ち寄ってみてはいかがでしょうか。

どんな土地にも、その土地ならではの歴史があるものです。自分が住んでいる街は、昔どんな人が住んでいたのか、どんな場所だったのか。思いをはせることで、地元のことがもっと好きになるかもしれません。

「孤独死」は本当に不幸なのか?

「テレビを見るとバカになる」

そう公言してはばからない私ですが、たまにテレビをつけてみると、「往年のスターが自宅で孤独死」といったニュースが飛びこんできて、あわててテレビを消すことがあります。

メディアがセンセーショナルにあおっているだけで、誰もが孤独死するわけではない、ということはすでにお伝えしました。とくに最近は、訪問サービスの充実や、「見守り家電」の進化もあって、孤独死はむしろ少なくなっているそうです。

しかし、そもそも孤独死というのは、本当に「不幸」なことなのでしょうか。

内閣府が一人暮らしの高齢者（65歳以上）に「とても幸せ」を10点満点としたときの幸福度を聞いたところ、平均で約6・6点という結果が出ました。意外と悪くない数字だと思います。

また、経済的な暮らし向きについても、4人に3人が「心配を感じていない」と答えています。

こんなデータもあります。著書『老後はひとり暮らしが幸せ』（水曜社）がある、医師の辻川覚志さんの調査によれば、一人暮らしの高齢者の生活満足度のほうが、家族と同居している高齢者の満足度より高いことがわかりました。

また、一人暮らしの高齢者より、家族と同居している高齢者のほうが自殺率が高いというデータもあります。

これは意外に感じた人も多いと思います。どうしてこんなことが起こるのでしょうか？

私たちは一人暮らしと聞くと、反射的に「孤独」という言葉をイメージしてしまいます。しかし人間というのは、気持ちの通じない家族と同居していたり、同居しているけれど家族から仲間はずれにされていたりするほうが、よっぽど孤独を感じるのです。独居の孤独より、同居の孤独のほうがメンタルに悪い、というわけです。

あるいは、家族に迷惑をかけて申し訳ないという理由で、死を選ぶ人もいるようです。一人暮らしであれば、そんなことは気にせずに、自由気ままに暮らすことができます。しかし、世話を焼いてくれる家族がいるばかりに、罪の意識が生まれてしまう場合があるのです。

これらのデータから、独居が不幸で、同居が幸福とは一概にいえないことが見えてきたと思います。何が幸せで、何が不幸なのかは、最終的にはその人しだいということになるでしょう。

孤独死には、いいところもあります。それは、孤独死の多くは「ピンピンコロリ」であるということです。

多くの高齢者が口にする願いは、「ぽっくり死にたい」ということです。成田山薬師寺の参道にある「ぴんころ地蔵尊」など、その願いをかなえてくれるというふれこみのお寺や神社は全国にあり、高齢者の人気スポットになっているようです。

ところが、思ったとおりにはいかないものです。多くの人は、がんなどの病気にかかって、少しずつ身体が弱っていき、最後は病院のベッドで死を迎えます。それが悪いとも思いませんが、「ピンピンコロリ」とはいえないでしょう。

一方、孤独死の場合は、それまで自宅で元気に暮らしていた人が、救急車を呼んだりするひまもなく、まさに「ぽっくり」亡くなるからこそ、孤独死になるわけです。とらえようによっては、幸せな最期といえなくもありません。

もしそばに誰かがいて、救命できたとしても、自分で救急車を呼べないレベルの重症であるなら、余生は寝たきりになることが多いですし、少なくとも要介護にはなってしまいます。

もちろん、それでも生きていくのはけっこうなことですが、多くの人が望んでいる「ピンピンコロリ」ではなくなることも事実です。みなさんは、どうお考えになるでしょうか？

「バケットリスト」をつくってみよう

みなさんは、映画『最高の人生の見つけ方』をご覧になったことはありますか？ジャック・ニコルソン演じるごう慢な実業家と、モーガン・フリーマン演じる心優しい整備工。余命半年を宣告されたふたりが、死ぬ前にやり残したことを実現するために、冒険に出るというストーリーです。

この映画では、整備工の男がつくった「バケットリスト」が注目されました。「バケットリスト」とは、死ぬまでにやりたいことを列挙したリストのこと。たとえば、次のようなものです。

・新婚旅行の場所へもう一度行ってみたい
・フルマラソンを走ってみたい
・銀座の有名店のお寿司を食べてみたい
・スカイダイビングをしてみたい
・学生時代の友人に会いにいきたい
・人生を振り返って自分史を書いてみたい

みなさんもぜひ「バケットリスト」をつくってみてはいかがでしょうか？　どんなことでもかまいません。自分が死ぬまでにやってみたいことを１００個、挙げてみてください。

できれば、それぞれに期限を切るとよいでしょう。たとえば本を書いてみたいのなら、「いつか本を書く」ではなく、「2年後の夏までに最初の1冊を完成させる」と締め切りをつくってしまうのです。

そうすれば悠長なことは言っていられません。いつまでに資料を集めようとか、初稿をいつまでに完成させようとか、細かいスケジュールも見えてきて、モチベーションが高まるはずです。

みなさんの中には、「もう年だし、新しいことをするには遅い」と尻込みしてしまう人もいるかもしれません。でも、何かを始めるのに遅すぎることなんてありません。何なら、次のようなささいなことでもかまわないのです。

- たまご焼きをつくれるようになる
- 妻に「ありがとう」と伝える
- 競馬場で馬券を買ってみる
- 観葉植物を育てる
- かっこいい老眼鏡を買う
- 月に1冊、新しい本を読む

これならハードルはぐっと下がります。

若いうちは手の届かない夢を追うのもよいですが、残り時間が少なくなってきたと思ったら、なるべく実現できそうなことを書いたほうがいいかもしれません。がんばりすぎないことが大切です。

そしていちばん重要なのは、あまり深く考えすぎないこと。これまでまじめに生きてきた人ほど、「これが本当に自分のやりたいことなのか？」と深刻にとらえてしまいがちです。

社会のためにとか、家族のためにとか、やる意味があるとかないとか、そんなことは気にしないでください。直感のおもむくまま、自分の「好き」を基準にして、どんどん書き出してみましょう。

余談ですが、私のバケットリストのいちばん上にあるのは、死ぬまでにもう一本、大作の映画を撮ることです。

高校時代に映画と出合ってから、私の夢はずっと映画監督になることでした。その夢がかなったのは、2007年のこと。『受験のシンデレラ』という映画でメガホンをとり、モナコ国際映画祭では最優秀作品賞、主演男優賞、主演女優賞、脚本賞の4冠を獲得することができました。

その後も4本の映画を撮ったのですが、いつしかもっとお金をたくさんかけた映画を撮りたいと思うようになりました。しかし、それを実現するには、本が100万部売れても足りません。

ですから、もっと知名度を上げて、人がお金を出してくれるような人間になることを目指しています。

老化に対してネガティブな人は早死にする?

米イェール大学のベッカ・レヴィ氏は、担当する「健康と老化」の授業で、こんなワークをするそうです。

「高齢者をイメージして、最初に頭に浮かぶ5つの単語をシェアしてください。ただし、考えすぎないで」

学生たちから出てくる単語を、レヴィ氏はホワイトボードに書き出していきます。

「知恵」

「創造的」

「穏やか」

こうしたポジティブな単語もあります。

「祖母」

「リーダー」

こうした役割を表す単語もあります。

しかし、もっとも多いのは、次のような単語だそうです。

「老衰」

「背中の曲がった」

「病気」

「よぼよぼ」

大学で「健康と老化」を学んでいる人でさえ、年をとることに対してネガティブに考えがちということがよくわかります。

では、みなさんはいかがでしょうか？　ここで少し手を止めて、高齢者をイメージして頭に浮かぶ単語を、思いつくまま書き出してみてください。

ここまで本書を読んで、内容を理解してくださった方なら、きっとポジティブな単語があふれるように出てきたと思います。

「幸せ」

「自由」

「元気」

「情熱」

「笑顔」

みなさんからこんな言葉が出てきたとしたら、私もこの本を書いた甲斐があったというものです。

それとは逆に、ネガティブな言葉ばかり出てきた人は、残念ですが、年をとることに対する思い込みや固定観念から、まだ抜け出すことができていないといえるかもしれません。

たしかに、いったん脳に刷り込まれたものからは、なかなか逃れられないものです。でも、「そこから抜け出さないと早死にする」と言われたらどうでしょうか? 考え方を変えるきっかけになると思います。

じつは、レヴィ氏の調査には続きがあります。

参加者に3つの質問をし、その回答(イエスかノーか)と健康状態の相関関係を調査したのです。質問は次のとおりです。

①老人は無力である
②年をとるにつれて人生の状況は悪化するだろう
③今年の私は、昨年より元気がなくなった

「イエス」という答えが多かった人は、加齢を避けがたいネガティブなものとしてとらえていることになります。逆に「ノー」が多かった人は、加齢をポジティブなものとしてとらえていることになります。

研究チームは、回答者たちを数十年間にわたって追跡調査しました。すると、「イエス」が多かった人は、「ノー」が多かった人に比べて、心疾患や脳卒中の経験率が2倍に達していたのです。

さらに、「イエス」が多かった人は、約7・5年も早死にするという、ショッキングなデータも判明しました。

年齢、体重、血圧、長期的な健康状態、コレステロール、家族歴、喫煙歴など、一般的に危険とされている因子の影響を調整してもなお、その差が縮まることはありませんでした。

また、同じイェール大学の調査では、認知症の親を見て、「自分もああなるんだ、いやだなあ」と悲観している人のほうが、認知症にかかりやすいというデータもあります。

ここからわかるのは、年をとることはネガティブなことだと思いこんでいると、本当にネガティブなことが起こるということです。まさに「病は気から」という言葉そのものといえます。

年をとることをポジティブにとらえることは、じつは究極のアンチエイジングだったのです。

「老後の準備」はしすぎないほうがいい

本書の読者の中には、40代、50代の、比較的若い世代もいらっしゃるでしょう。この世代からよく聞かれるのが、次のような質問です。

「老後を幸せに生きるには、どんな準備をしたらよいですか?」

答えを先に言ってしまいましょう。

「準備しようと思わないこと」

これが私がいえるただひとつの答えです。

どんな準備をしたらよいのか、という質問がたくさん出るということは、多くの人が将来に不安を抱えていることの証しでしょう。仕事のこと、健康のこと、お金のこと、いまから準備をしておかないと大変なことになるのではないかと焦っている、あるいは怯えているように見えます。

さらにメディアが、若い世代の不安をあおっています。2019年、金融庁の報告書が発端となって話題を集めた「老後2000万円問題」は、その象徴といえるでしょう。一時は、パニックのような様相を呈していました。

最近、東京国税局職員ら男女グループが、新型コロナウイルスの持続化給付金をだまし取った事件がありました。その容疑者の一人の若い女性は、「老後に2000万円をためなければいけないと聞いて、不安で金が欲しかった」と供述しているそうです。老後不安が暴走すると、犯罪に手を染めてしまうことさえあるのです。

犯罪までいかなくても、出世しなければと家族をかえりみず仕事に打ち込んだり、激務でうつ病になったり、お金をケチって大切な思い出をつくる機会を逃したり、怪しい投資詐欺にだまされたり、健康診断の数値を気にするあまり妙な健康法にハマったり、かえって不幸を招いている人はたくさんいます。

不安が不安を招いて、どんどんエスカレートする。これを精神医学では「予期不安」と呼んでいます。

とくに身体には異常がないのに、電車の中やエレベーターの中などで突然、動悸、呼吸困難、めまいなどの発作を起こす、パニック障害という病気があります。パニック障害がやっかいなのは、「また発作が起きたらどうしよう」という予期不安のために、電車に乗れなくなったり、家から出られなくなったりすることです。行動が制限されてしまうのです。

老後に病気になったらどうしよう、お金が足りなくなったらどうしよう、一人ぼっちになったらどうしよう。そんな不安ばかり抱えていると、やがて予期不安によってメンタルが病んでしまいます。

実際に何か悪いことが起きたときよりも、予期不安にさいなまれているときのほうが、往々にして心が苦しいものです。「心配ごとの9割は起こらない」という言葉があります。まだ起きていないことを心配するのは、ほどほどにしましょう。

老後を幸せに生きるために、もし準備しておくことがあるとすれば、老後のことなど考えず、いまこの瞬間を楽しむことです。逆説的ですが、それがいちばんの準備になります。

若いうちから自分の好きなこと、得意なことを見つけておく。これを私は「楽しみの種」と呼んでいます。楽しみの種をいっぱいまいておけば、年をとってから実がなり、花が咲きます。

山登り、ゴルフ、家庭菜園、釣り、楽器演奏、英会話、料理、ＤＩＹ、なんでもかまいません。老後のことなんか気にせず、お金と時間をたっぷり使って、自分の好きなことをしてください。

それに、いまこの瞬間を楽しむことで得た思い出は、のちの人生においてかけがえのない資産になります。

「あのときあんなことをした、こんなこともした、やりたいことはぜんぶやった」

人生の最後の瞬間に、こんなふうに思い出にひたれる人は、本当に幸せな人生を送った人だといえるでしょう。

先ほどもお伝えしたように、思い出は、お金や株券や不動産よりずっと大事な資産であることを、ぜひ心にとめておいてください。

「ミッドライフ・クライシス」をどう乗り越えるか?

中年世代が老後の不安に悩みがちなのは、中年期の幸福度が低いこととも関係していると思います。この本の冒頭で紹介した「幸福のUカーブ」では、日本人の場合、49歳が不幸のピークとされていました。

この現象は、心理学の世界で「ミッドライフ・クライシス」（中年の危機）と呼ばれています。

米国の心理学者、ダニエル・レビンソン氏の調査によれば、中年期の8割の人が、このミッドライフ・クライシスを経験するそうです。じつにありふれたシンドロームといえるでしょう。

ミッドライフ・クライシスの原因はひとつではなく、さまざまな要因が絡んでいるようです。医師の鎌田實氏は、たとえば次のような要因を挙げています。

- 自分の人生の頂点が見えてくる
- 病気が発見され、病気との闘いが始まる
- 酒、賭けごと、不倫など、自分でコントロールできないことにのめり込む
- 下り坂の向こう側に、遠くではあるが死が見え始めている
- 自分探しが終わらない
- 子どもが自分のもとから巣立ち、「空の巣症候群」におちいる
- 過度なストレスを抱えたまま、オーバーワークを続けている
- 人生をうまく乗りきった人が初めて「つまずき」と向き合う

これらの要因が青年の思春期に似ていることから、「第2の思春期」と表現する人

もいます。

映画『マトリックス』『スピード』などで人気を博したハリウッドスター、キアヌ・リーブスも、ミッドライフ・クライシスを経験したひとりです。

数年前、ホームレスのような風貌で、ベンチにひとりさびしく座る姿がパパラッチされたのを、ご存じの方もいるでしょう。そのころの彼は、まさにミッドライフ・クライシスに悩まされていたそうで、当時を次のように回想しています。

「青春時代の自分に別れを告げなければならないことにがく然とし、とてもつらかった。自分がどこにいるのか、どこから来たのか、何をしているのかさえ、わからなくなるほどだった」

社会的にも、経済的にも成功し、幸せをつかんだかに見える世界的スターでさえ、こうした混乱を経験しているのです。いつ、誰の身に降りかかってきても不思議ではありません。

しかし、ここで私が強調しておきたいのは、沈んだ日はやがてまた昇るという事実です。

「幸福のUカーブ」によれば、中年期が不幸のピークで、あとは死ぬまで右肩上がりです。そのことが腹に落ちていれば、「もう人生、終わりだ」などと絶望的にならずにすみます。

人生最悪の危機を経験したキアヌ・リーブスも、過去を振り返りながら「でも、いまではすっかり回復したけどね」と述べています。人によっては、「いまから思えばいい経験だった」と肯定的にとらえている人もいるようです。

「幸福のUカーブ」を発見したブランチフラワー教授も、次のような心強いメッセージを寄せています。

「あなたがミッドライフ・クライシスに直面したとき、ほかの多くの人も同様であることを理解してください。最終的には、状況は好転するはずです」

自分の人生には、これから「いいこと」がどんどん起こる。

いまさえ乗り切れば、幸せな日々が待っている。

そのことを楽しみにして、現実の困難に冷静に立ち向かってください。

若いあなたも いつか必ず高齢者になる

最後にもうひとつ、若い世代の人たちにお伝えしたいことがあります。それは、「あなたもいずれ必ず高齢者になる」ということです。

おそらくみなさんは、まだまだ自分は若いと思っているでしょう。年をとったときのことを想像してみなさい、と言われても、おそらく難しいと思います。暑い夏の日に、真冬の寒さを思い浮かべろと言われているようなものだからです。

しかし、年をとらない人はこの世に存在しません。あなたにもいつか必ず、高齢者になる日が訪れます。高齢者にならないのは、残念ながら高齢になる前に死んでしまった場合だけです。

そう考えれば、エイジズム（高齢者差別）はいつか自分の首をしめることになる、と理解できると思います。

たとえば、あなたは両親に免許の返納を迫っていないでしょうか？　それはブーメランのように、いつか自分に返ってきます。

「両親のためを思って言っているんだ」

そう反論されるかもしれません。でも、もしあなたが年をとったとき、まだ元気なのにもかかわらず、「免許を返納しろ」「まわりに迷惑をかけるな」などと指図されたら、どう感じるでしょうか？　想像してみてください。


エイジズムは高齢者差別の中では性質の悪いものです。自分が年をとったとき、人から差別されたくないのなら、自分が言われたら嫌なことは言わない、されたら嫌なことはしないことを、いまから意識するようにしてください。

何も年寄りをもっと敬え、と言っているわけではありません。

たとえ眉をひそめるようなことでも、やりたいことはやらせてあげる。「いい年をして」とか「年甲斐もなく」といった呪いの言葉を押しつけない。ときには放っておいて、遠くから見守るだけにする。

それが、高齢者のためにできるいちばんのことです。

インターネットの普及によって、これまで抑圧されていた人たちが、容易に声を上げることができるようになりました。人々の人権意識が高まったことで、レイシズム、セクシズムは以前にくらべて減ってきたように見えます。

同じように、エイジズムもこの社会からなくなっていけば、あなたが年をとったとき、いまより生きやすい世の中になっているはずです。

みなさん一人ひとりの力で、よりよい未来をつくっていきましょう。

第5章　若いときとは違うからこその「いいこと」

いつまでも若々しい有名人をロールモデルにする

私は以前、テレビによく出演していたのですが、スタジオでお会いする芸能人の方の外見がとても若いことに驚くことがありました。

みなさんもテレビを見ていて、芸能人は老けない、いつまでも若いというイメージがあるのではないでしょうか？

それを証明するような、こんなランキングがあります。ｇｏｏランキング編集部がまとめた、「実は70歳以上と知って驚く男性有名人ランキング」です。一部をご紹介しましょう（数字は生年月日）。

1位　舘ひろしさん（１９５０年3月31日）
2位　神谷明さん（１９４６年9月18日）
3位　タモリさん（１９４５年8月22日）

4位　矢沢永吉さん（1949年9月14日）
5位　小田和正さん（1947年9月20日）
6位　高田純次さん（1947年1月21日）
7位　池上彰さん（1950年8月9日）
8位　市村正親さん（1949年1月28日）
9位　松崎しげるさん（1949年11月19日）
10位　ピーコさん（1945年1月18日）

つねに人から注目されているのがよいのでしょうか、年齢に比べて若々しい方ばかりです。

中でも、タモリさんがいわゆる「後期高齢者」であることに、みなさん驚かれるのではないでしょうか。街歩き番組『ブラタモリ』で、好奇心をみなぎらせて、元気に歩かれている姿を見ていると、とてもそうは見えません。

ちなみに11位以下には、武田鉄矢さん、ビートたけしさん、テリー伊藤さん、オスマン・サンコンさん、おすぎさん、田村正和さん、間寛平さん、沢田研二さん、梅沢富美男さんといった方々が続きます。

このような芸能人の方をロールモデルにするのも、若々しさを保つひとつの方法だと思います。かっこいいなと思う人の生き方、発言、ファッションなどを観察して、自分の人生に取り入れてみるのです。

私が副幹事長をつとめている文化人によるボランティア団体「エンジン01（ゼロワン）文化戦略会議」の役員にも、ロールモデルになりそうな70代前後の方がたくさんいらっしゃいます。

たとえば、アートディレクターの浅葉克己さん、作曲家の三枝成彰さん、料理評論家の山本益博さん、ぴあの創業者で現社長の矢内廣さん、作家の井沢元彦さん。みなさん一様に若々しい方ばかりです。

芸能人でも、文化人でも、はたまたスポーツ選手やアーティストでもかまいません。自分にぴったりのロールモデルを、ぜひ見つけてください。

高田純次さんに学ぶ「テキトー」な生き方

私のおすすめは、「実は70歳以上と知って驚く男性有名人ランキング」6位にランクインした、タレントの高田純次さんです。

高田純次さんといえば、「テキトー男」「ミスター無責任」などのニックネームで知られています。「テキトー」と聞くと、だらしない、いいかげん、ちゃらんぽらんといった、ネガティブな意味にとる人もいるでしょう。

しかし、ためしに「適当」という言葉を辞書で引いてみると、次のように出てきます。

「ある条件・目的・要求などに、うまくあてはまること。かなっていること。ふさわしいこと」

「程度などが、ほどよいこと」

つまり、本来はポジティブな意味で使われていた言葉なのです。

そんな高田純次さんには、ユーモアにあふれたたくさんの名言があります。


「目標を聞かれると、『ただ生きる』と答えています。これが僕の哲学、目標です」

「苦手な人は受け流しちゃうな。だから、ストレスはゼロ」

「今を大事にしてるから、過去のことも未来のこともまったく考えてないんだ」

「説教、自慢話、思い出話、この3つを抑えていかないと自分は伸びない」

「やっぱり人間は難しいことに挑戦したほうがいいよ。オレはいやだけど」


どれもこれも、年をとったら心がけたいことばかりです。

細かいことにこだわらず「テキトー」でいることは、ストレスを手放し、心を健やかに保つうえで重要なポイントです。

身体の健康についても同様です。これまで述べてきたように、コレステロールの数値などに一喜一憂するのではなく、ある程度「テキトー」でいたほうが、結果的に健康につながります。

それに、年をとったら少し「テキトー」な人のほうが、まわりから愛されます。つまらないことで、いちいち目くじらを立てる高齢者は、若者からうっとうしがられてしまうでしょう。

仕事や子育てをまっとうし、せっかく義務や責任から解放されたのです。残りの人生は高田純次さんをロールモデルにして、「テキトー思考」で生きてみてはいかがでしょうか？

そんな高田純次さんの「テキトー思考」の対極にあるのが、「〇〇すべき」「〇〇しなければならない」といった、「べき思考」です。

たとえば「子どもは老いた親の面倒をみるべきだ」という考え方の人がいるとします。しかし、子どもは自分の所有物ではありません。子どもには子どもの考え方があります。仕事の都合で同居したり、近くに住んだりすることが難しい場合もあるでしょう。

そんなとき、「それなら、仕方ないよね」「じゃあ、どうしようか」と、別の可能性を考えるのが「テキトー思考」の人です。

一方、「べき思考」の人は、自分の考えにこだわり、「これまで育ててやったのに、どうして面倒をみてくれないんだ。おれを裏切るのか！」と、相手を攻撃するようになります。

こうなったらおしまいです。子どもとの溝が深まり、怒りや恨みといった感情を抱えて、老後をさびしく過ごすことになるでしょう。「こうしなくてはいけない」という気持ちが強すぎて、結果的に幸せから遠のいてしまうのです。

「○○すべき」は脳の錯覚にすぎない

「認知のゆがみ」という言葉をご存じでしょうか？　自分でも気づかないうちに、無意識におちいっている思考のバイアス（偏り）のことです。私はもっとわかりやすく「脳の錯覚」と表現しています。

精神医療の世界では「べき思考」を、この「認知のゆがみ」のひとつとしてとらえています。

私は「認知のゆがみ」には、大きく以下のパターンがあると考えています。ご自身にあてはまるものはないか、チェックしてみてください。

①二分割思考

- 白か黒かをはっきりと分ける
- 「敵か味方か」「善か悪か」のような極端な判断を下す

②完璧主義思考

- 「100点でなければ0点と同じ」と考える
- 自分の要望をすべて通そうとし、ひとつの妥協も許さない

③過度の一般化

- ひとつの事象を見て、それを一般的なものと見てしまう
- 数人の若者を見て「最近の若者は○○だ」と一般化する

④選択的抽出

・ある一面だけに注意を注いで、その他の側面を無視してしまう
・いつも賛成してくれる人が一度反対しただけで、敵とみなす

⑤肯定的な側面の否定

・いい面があっても「たいしたことはない」と否定する
・嫌いな人のいい面は目に入らず、悪い面しか見えなくなってしまう

⑥読心

・根拠がないのに、相手の気持ちを決めつけて勝手な解釈をする
・「あの人は自分を嫌っている」と勝手に思い込む

⑦占い

・「予測」をあたかも「事実」であるようにとらえる
・「どうせうまくいかない」と予想して決めつけてしまう

⑧破局視

・あるひとつのできごとで、破局的な見方をしてしまう
・健康診断の数値が悪かっただけで、この世の終わりのように考える

⑨縮小視

- 肯定的な特徴や経験を「とるに足らないもの」ととらえる
- 自分がやっている仕事を「こんなの誰でもできる」と考える

⑩情緒的理由づけ

- 感情的なことが現実の見方を変えてしまう
- 気分がいいときは「何をやってもうまくいく」と考え、気分が悪いときは「何をやってもダメだ」と考える

⑪べき思考

- 「○○すべきである」という言い方が動機や行動を支配している
- 「子どもは老いた親の面倒をみるべきだ」という決めつけをする

⑫レッテル貼り

- わかりやすいラベルをつけてイメージを固定化する
- 資産のある人を「勝ち組」、そうでない人を「負け組」と決めつける

⑬自己関連づけ

• ものごとには複数の要因が関連しているのに、自分こそが最大、もしくは唯一の原因であると考える
• 自分とあまり関係ないことに対して「自分がいけなかったんだ」と考える

あてはまるものはあったでしょうか？　中には、「これって自分のことじゃないか！」と、驚いた人もいるかもしれません。

こうした「認知のゆがみ」の恐ろしいところは、うつ病や不安障害、睡眠障害など、精神疾患の原因になるところです。裏を返せば、精神疾患を抱えている人は、多かれ少なかれ、認知のゆがみが見られます。精神医療の臨床現場で患者さんとお話をしていると、そのことが実感としてよくわかります。

心を健康に保つためにも、これらは「脳の錯覚」であり、あなたを狂わすワナであることに、まずは気づいてください。気づくことで初めて、冷静な思考ができるようになります。

本書では、くわしい改善法などの説明ははぶきますが、ご興味のある方は、拙著

『ストレスの9割は脳の錯覚』(青春新書)、『「うつ」だと感じたら他人に甘えなさい』(PHP新書)などをご覧ください。

「スカーフ」1枚で外見も気持ちも若返る

さて、話を戻しましょう。

いつまでも若々しい芸能人の方を観察していると、ファッションも若々しいということに気づきます。

「いい年して、若づくりするなんて恥ずかしい」

そう思っている人は、おそらく「昔の老人のイメージ」に縛られているのではないでしょうか?

くすんだ色のシャツを着て、ももひきをはいて、というのは、昭和の老人のイメージです。時代は令和なのですから、芸能人の方のファッションを研究して、ぜひ積極的に取り入れてみてください。

といっても、ちょっとしたことでいいのです。たとえば高田純次さんは、街歩き番組『じゅん散歩』で、スカーフやマフラーをよく首に巻いています。また、タートルネックも好んで着ているようです。

これには理由があると思っています。よく「化粧で顔のしわは隠せても、手と首のしわは隠せない」といいます。高田純次さんのスカーフやマフラー、タートルネックは、首のしわをカバーするためのものかもしれない、と思ったのです。

何も高級ブランドで全身を固めなさい、と言っているわけではありません。こうしたちょっとした工夫で、ぐっとおしゃれに見せることができるのです。外出するのがもっと楽しくなるでしょう。

そして、スカーフやマフラーは、ぱっと目を引くような明るい色を取り入れることをおすすめします。

たとえば、高田純次さんはある日の『じゅん散歩』で、あざやかな青のマフラーをし、赤のショルダーバッグを肩からかけていました。とても若々しく見え、かっこいいなと思いました。

さすがに真っ赤なスーツや、真っ青のコートを着るのは恥ずかしいかもしれませんが、こうした小物であれば抵抗は少ないでしょう。着ているものがダークなトーンでも、少しだけあざやかな色を取り入れることで、全体的に明るいイメージになり、気持ちにも張りが出ます。

それがスカーフやマフラーといった、顔まわりを飾るものなら、なおさらです。

その意味では、ネクタイも明るい色を選ぶことをおすすめします。たとえ黒やグレーのようなダークスーツでも、ネクタイを明るい色にすることで、印象が大きく変わるからです。

ダークスーツに、明るい色のネクタイという組み合わせは、政治家によく見られる光景です。

アメリカのジョー・バイデン大統領を思い浮かべてみてください。彼は80代を迎える年齢ですが、あざやかな青のネクタイをよく締めていることに気づくと思います。

もしネクタイが、グレーや茶色だったらどうでしょうか？　きっと、年相応に老け込んだ印象に見えると思います。あざやかな青だからこそ、若々しく、爽やかで、清潔感のあるイメージを与えることができるのです。

このように、ちょっとしたファッションの工夫で「若見え」を実現することができます。男性のみなさんも、ぜひ積極的にチャレンジしてみてください。

湯川れい子さんの元気の秘密

先ほどご紹介した「エンジン01」のメンバーに、音楽評論家・作詞家の湯川れい子さんがいます。湯川さんは1936年生まれで、私よりふた回りも上ですが、誰よりもエネルギッシュで、いきいきとしています。

実際、「エンジン01」では私とともに副幹事長という要職をつとめていらっしゃいますし、動物愛護委員会の委員長としても現役で活躍されています。また、このたびのロシア・ウクライナ戦争では、いち早く反戦の声を上げ、ウクライナの人たちに寄付をしようと呼びかけました。

なぜ湯川さんは年を重ねても元気なのか？　私は、湯川さんの「まわりに遠慮しないマインド」が、元気の秘密だと考えています。

湯川さんは、幸福な人生を送るコツとして、次の「あいうえお」をモットーにされているそうです。

- 「あ」＝会いたい人に会いたい
- 「い」＝行きたいところに行きたい
- 「う」＝うれしいことがしたい
- 「え」＝選ばせてもらいたい
- 「お」＝おいしいものが食べたい

この5つが、湯川さんの「幸せの法則」というわけです。

ちなみに、「え」の「選ばせてもらいたい」というのは、5つのうちで最初に思いついたものだそうで、湯川さんは次のように説明しています。

「周囲の幸せではない人を観察していると、ものごとがうまくいかないときに他者のせいにするクセがついていると気づいたのです。でも幸せも不幸も、すべては自分が選択してきたことの結果。このとき、この場所にいることも含め、すべては選択の積み重ねと考えると、自分の人生は自分で選ばせていただきたいのです」

まわりに遠慮しないで、自分のやりたいことを貫いてきた、いかにも湯川さんらしい考え方です。

湯川さんご自身、この5つの「幸せの法則」について、「一見すると、とてもわがままに見えてしまうでしょう」とおっしゃっています。しかし、私から見れば、「わがままだからいい」のです。

日本人は遠慮がちで、集団の和を重んじます。そのため、会いたい人に会いたい、行きたいところに行きたいと、自分のやりたいことをやっている人は「わがまま」だと白い目で見られることがあります。

でも、この本でたびたびお伝えしてきたように、せっかく義務やら責任やらから解放されたのですから、年をとったら湯川さんのように、もっと「わがまま」になっていいのです。
ここでページをめくる手を止めて、少し考えてみてください。

あなたにとって「会いたい人」は誰ですか？
「行きたいところ」はどこですか？
「うれしいこと」はなんですか？
自分で「選ばせてもらいたい」ことは？
「食べたいもの」はなんですか？

思いついたことを、ぜひさっそく行動に移してみてください。

「演歌と童謡が好き」は間違った老人イメージ

湯川れい子さんは、戦後初の女性音楽評論家として、エルヴィス・プレスリー、ビートルズ、マイケル・ジャクソンら、そうそうたるミュージシャンと交流し、日本に紹介してきた方です。

中でも、ビートルズには誰より早く注目し、武道館コンサートが行なわれた初来日の際には、他のベテラン評論家をさし置いて独占インタビューに成功。その後も、メンバーと親密な交流を重ねてきました。

まさに湯川さんは、日本の音楽シーンにおいてレジェンド的な存在なのです。

さて、ここで私がみなさんにお伝えしたいのは、「演歌と童謡が好き」という高齢者のイメージは、とっくに過去のものだということです。

湯川れい子さんは、私より二回りも年上です。そんな湯川さんですら、ビートルズなどの洋楽ロックを愛してこられたのです。

でも、考えてみれば、当然のことではないでしょうか。ビートルズの初来日は、1966年。当時、ビートルズに熱狂していた10～20代が、いまちょうど70～80代を迎えているのです。

「紅白歌合戦」に出てくるような演歌歌手よりも、デイサービス（通所介護）で歌う『ふるさと』や『赤とんぼ』よりも、ビートルズの『レット・イット・ビー』を好むのが、いまの高齢者なのです。

また、日本のディスコブームを振り返ってみると、ジョン・トラボルタ主演の『サタデー・ナイト・フィーバー』が日本で公開されたのは、１９７８年のことでした。当時、若者の人気を集め、１９６０年代のダンスブーム復活のきっかけになった映画と言われています。

こちらも計算してみれば、いまの70代の人たちが、ディスコブーム直撃の世代であることがすぐにわかります。

「三つ子の魂百まで」ということわざがあるように、人間の趣味嗜好は、そう簡単に変わるものではありません。若いころビートルズを聴いたり、ディスコで夜通し踊ったり、恋愛を楽しんだりしていた人たちが、年をとったら急に演歌を聴くようになるとは、とうてい思えないのです。

デイサービスのレクリエーションで童謡を歌うことについても、「みんなが知っている歌だから」「昔のことを思い出す回想療法は、脳の活性化につながるから」といった理由があるのは当然理解していますが、童謡ばかりでなくてもいいというのが最近のコンセンサスとなりつつあります。

たとえば、ビートルズの『レット・イット・ビー』をみんなで歌ってもいいと思うのです。青春の思い出がよみがえるでしょうし、英語の勉強にもなるので脳の活性化につながります。

ちなみに「レット・イット・ビー」とは、「あるがままに」とか「なすがままに」といった意味です。明日は明日の風が吹く。なるようになる。だから、悩んでいてもしかたがない。身をゆだねよう。

これは、高齢者が幸せに生きるための大切な心がけでもあります。先述した「マインドフルネス」の境地とも近いものがあるでしょう。その意味では、じつは『レット・イット・ビー』は、高齢者がみんなで歌うのにぴったりな曲だと思うのです。

また、いまは新型コロナウイルスの影響で難しいと思いますが、ライブハウスや音楽フェスに連れていくのもいいかもしれません。

外出して新しい体験をすることは、脳にとってもっともよいことのひとつですし、声を出したり、踊ったりすることで、身体の機能の低下も防ぐことができるかもしれません。

このように、時代は着々と進歩しています。それなのに、「高齢者は演歌と童謡が好き」というイメージが消えないのは、私たちの高齢者イメージがいまだにアップデートされていないことに問題があります。

とくに、企業とメディアの責任は大きいと思っています。

韓国で大ブームを巻き起こしている「高齢者向けディスコ」

お隣の韓国では、日本と同じく高齢化は進んでいるものの、日本とは違い、高齢者向けのビジネスが発展しています。

たとえば韓国には、「Ｃｏｌａｔｅｃ」（コラテック）と呼ばれるディスコがあるそうです。「Ｃｏｌａ（飲みもののコーラ）」と「Ｔｅｃ（ディスコのこと）」をくっつけた言葉で、ノンアルコールでも楽しめるディスコ、といった意味合いです。

新型コロナウイルスの感染が広まるまでは、なんと平日は１０００人、週末には２０００人ものお年寄りが遊びにきていたそうです。

入場料はたった１０００ウォン（約１００円）。時間がたつのも忘れて踊ったり、ダンスパートナーを見つけたり、友だちとおしゃべりしたり、年齢を気にすることなく楽しんでいます。

こうした「Ｃｏｌａｔｅｃ」が、なんと韓国には１０００か所以上あるといいます。韓国は高齢者イメージのアップデートに成功しつつあることが、この事例から見えてくるでしょう。

しかし、光あるところには、必ず闇があります。このムーブメントには、韓国の急速な高齢化と、それにともなう高齢者の貧困問題、そして自殺問題が関係しているのです。

OECD（経済協力開発機構）の最新調査によると、韓国における高齢者貧困率は40・4％と、日本の20・0％、アメリカの22・8％と比較して、2倍近くの差があります。

また、高齢者自殺死亡率は46・6人（人口10万人あたり）と、OECDの平均値の約2・7倍に達しています。

そんな社会背景があるなかで、救世主のように誕生したのが「Colatec」なのです。

事実、「Colatec」に集う人たちからは、次のような喜びの声が上がっています。

「週4日、約2時間ダンスをすることで、自殺念慮（自殺したいという気持ち）を取りのぞくことができます。音楽とパートナーがいれば、他のすべての考えを頭から外すことができます」

「最初は歩くことすらできない人もいますが、しばらくここに来たあと、彼らが杖を捨てて走り回るのを見ました」

本当に高齢者が求めているものはなんなのか。どうすれば、幸せを感じてもらえるのか。表面的なイメージにとらわれず、リアルな高齢者のニーズを突きつめれば、新しいビジネスは生まれるはずです。

ところが、日本に「Ｃｏｌａｔｅｃ」のような施設がオープンしたという話は、ほとんど耳にしません。新型コロナウイルスの影響もあるでしょうが、それにしても韓国に遅れをとっていると言わざるをえません。

韓国の急速な高齢化、貧困問題、自殺問題は、決して対岸の火事ではありません。最新の報道では、日本の一人あたりＧＤＰ（国内総生産）が、すでに韓国に逆転されたそうです。日本もいつ韓国のようになるか、わかりません。

私たちも韓国のよいところは見習って、変わりゆく高齢者像にキャッチアップする必要があるでしょう。

お金持ち向けのサービスを企業はつくるべき

このように、高齢者ビジネスのアイデアは身近なところに転がっています。それなのに、日本の企業は若者ばかり見ているように思えてなりません。

いまの若者は、かつての若者と違って、消費に意欲的でないと言われています。クルマにも、時計にも興味がない。住むところも、食べるものも安いもので十分というわけです。

なぜ、いまの若者は消費に意欲的ではないのか。その理由は火を見るより明らかで、消費するお金を持っていないからです。

バブル崩壊以降、会社員の平均年収は下がり続けており、契約社員、派遣社員といった非正規雇用も増えています。終身雇用、年功序列といった、かつての企業文化も失われました。若者たちは消費しないのではなく、消費できないのです。

一方で、日本の一部の高齢者は、莫大な資産を保有しています。いわゆる富裕層と呼ばれる人たちです。

ＪＴＢ総合研究所の調査によれば、日本の富裕層（金融資産１００万米ドル以上の保有者、約１１０万人）のうち、８割が50代後半以降と推計されています。

内訳は、56〜65歳が36・3万人、66〜75歳が35・2万人、76歳以上が16・5万人。30歳以下はたったの1・1万人で、世代間で圧倒的な開きがあることがわかります。66歳以上の富裕層が、日本にはおおよそ52万人存在しているのです。なのに、彼らをターゲットにしたビジネスは、なかなか出てきません。彼らが貯めこんでいる財産が市場に回れば、消費不況から脱出することにもつながるのに、もったいないなと私は思うのです。

たとえば、富裕層向けの病院をつくるのはいかがでしょうか？　海外に目を向ければ、セレブと呼ばれる人たちは、自由診療（全額自費負担）の豪華な病院に行くのが当たり前です。

米カリフォルニアの高級住宅街、ビバリーヒルズには、「シダーズサイナイ医療センター」というセレブ御用達の病院があります。1泊4000ドル（約56万円）もするスイートルームのような個室がいくつもあり、全米トップクラスの腕を持つ専門医が2000人以上、常駐しているといいます。セキュリティも完ぺきで、プライバシ

【年齢層別富裕層人口（推計）】

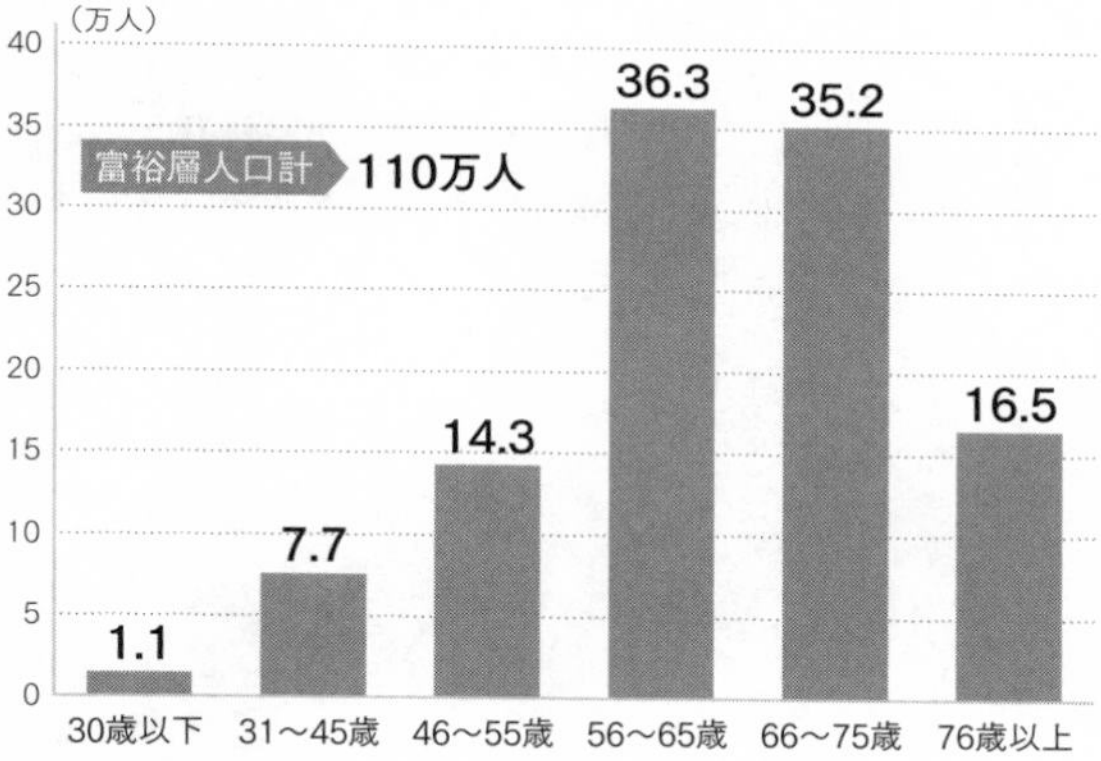

※金融資産を100万米ドル（約1億円相当）以上保有している個人
出典：グローバルウェルスレポート、総務省人口統計よりJTB総合研究所推計

ーが漏れる心配もありません。

しかし、日本にこうした病院は見当たりません。ソフトバンクの孫正義さんも、ユニクロの柳井正さんも、おそらく私たちと同じような保険診療の病院に行っていると思います。これこそ悪平等ではないでしょうか。

お金持ちがたくさんお金を使ってくれることで、当然、働く側にも大きなメリットが生まれます。医師も、看護師も、事務スタッフも、高い収入を得ることができますし、ブラックになりがちな労働環境も改善するでしょう。

最近は新型コロナウイルス感染症の影響もあって、とりわけ看護師の人手不足が深刻化しています。そんな中、超高級病院で働く年収1000万円の看護師が出てくれば、看護師を目指す若い人も増えるでしょう。

そうすれば、いま問題になっている「医療崩壊」を防ぐことにもつながります。まさに買い手よし、売り手よし、世間よし。「三方よし」のビジネスになりうると思うのです。

これは介護士、保育士、タクシー運転手、ガードマンなど、ほかの仕事にも応用できるでしょう。

たとえば介護士の平均年収は、350万円前後といわれています。日本の全産業の平均年収は430万円前後といわれていますから、介護士の年収は明らかに低いことがわかります。

でも、スキルを磨いて、最高のホスピタリティを身につけて、至れり尽くせりのサービスを提供できるようになれば、お金持ち向けのデイサービス施設で、年収1000万円を稼ぐことができる。

そうなれば、もっと腕を上げようという動機づけにもなりますし、不人気といわれる介護業界に入りたいという人も増えるでしょう。

「君たちが着たいと思うものを置け」――鈴木敏文さんはわかっていた

ほかには、海外旅行に行ってみたいお年寄りをアテンドするビジネスも面白いと思います。

英語がしゃべれない、足腰も弱っている、でも死ぬまでに一度、オーロラをこの目で見てみたい。そんなお金持ちは、日本にたくさんいると思います。そんな人のために、飛行機やホテルの手配から、現地での通訳、荷物運びまで、若いスタッフがつきっきりでアテンドしてあげるのです。

本人にとっては、一生の思い出になるでしょう。1000万円くらい、ポンと出すようなお金持ちもきっといるはずです。

同じような発想で、地方に住んでいるお金持ちの人を東京までアテンドして、銀座のフレンチの有名店や、ブランドショップ、高級クラブなどで豪遊してもらう、というのも悪くないと思います。

地方では人の目もあって派手に遊ぶことができなかった人も、東京だったらその心配はありません。これまでがんばって働いてきた自分へのごほうびとして、最高の体験になるのではないでしょうか。

新型コロナウイルスの影響で、旅行業界は大ダメージを受けているようですが、少し発想を変えるだけで、新しいアイデアはいくらでも生まれると思うのです。

にもかかわらず、日本の企業がイメージする高齢者像は、昭和末期あたりで止まっているように見えてなりません。

こんな面白い話があります。イトーヨーカドーとセブンイレブンのトップを長年にわたりつとめ、「小売の神様」とまで呼ばれた鈴木敏文さんが、イトーヨーカドーの服売り場を視察していたときのこと。

鈴木さんは、若い従業員にこう指示したそうです。

「君たちが着たいと思うものを置きなさい」

年寄りが着るのはこんな服だろう、という固定観念に縛られるあまり、地味で、時代遅れな服ばかり売り場に並んでいたからです。

いまのお年寄りは、らくだ色のシャツや、ももひきをはいたりはしません。近くのイオンモールに行って、ユニクロでヒートテックを買うのが、リアルなお年寄りの姿です。

当然、おしゃれだってしたいはず。しかし、若い従業員には、そんなお年寄りの気持ちがわかりませんでした。わかっていたのは、ご自身も高齢者である鈴木敏文さんだけでした。

その慧眼を持っていたからこそ、グループ国内店舗約2万店、売り上げ10兆円以上の巨大企業を育てることができたのかもしれません。

もっと日本に、お年寄りがどんどんお金を使いたくなるようなお店やビジネスが生まれることを、私は願っています。

ダイ・ウィズ・ゼロ――
お金を残して死んでもしかたがない

最近、『DIE　WITH　ZERO』（ビル・パーキンス著、ダイヤモンド社）という本がベストセラーになりました。

この本が伝えるメッセージは、タイトルのとおり「ゼロで死ね」です。ようするに、人生を後悔せずに終えるために、死ぬまでにお金をぜんぶ使いきりなさい、ということです。

しかし現実には、ほとんどの人が、貯金に手をつけることなく死んでいくといいます。老後になってもなお、将来が不安なのでしょう。そうして幸せを先送りにしているのです。人生は一度きりなのに、じつにもったいないことです。

ゼロで死ぬことをうながすには、思いきったルール変更も必要だと思います。

かねてより私は、相続税を100％にすることを提案してきました。もし、家族に財産を残すことができなくなれば、多くの人がお金を使いきって死ぬようになるはずです。

それこそ海外へオーロラを見に行ったり、夢だったスポーツカーを買ってみたり、どうせ国に取られてしまうならと、やりたかったことをぜんぶやって死ぬ人が増えるでしょう。

巨大なデッドストックとなっていたお金が、どっと市場に流れ込むことで、経済も活性化するはずです。高齢者をターゲットにした産業も盛んになり、それはもしかしたら日本を代表する輸出産業に成長するかもしれません。

相続税を100%にすることで、遺産をめぐっての骨肉の争いもなくなります。親が死ぬまでは仲のよかったきょうだいが、お金が絡むことで人が変わったようにおたがいを攻撃し始めるケースを、私はこれまで山ほど見てきました。

また、富める一族はますます富み、貧しい一族はますます貧しくなるという、格差の固定化もなくなります。

最近の若い人たちは「親ガチャ」とか「実家が太い」といった表現をするようですが、どんな家に生まれるかで人生が決まってしまうのは、公平とはいえません。相続税100%になることで、本人の努力がより報われやすい社会になるでしょう。

とはいえ、相続税100%というのは、いまの日本では現実味がありません。それなら、子どもには財産を残さないと、自分で宣言してしまえばいいのです。もし、自分が死んだときに財産が残っていたら、しかるべきところに寄付をすると、遺書に書いておくのです。

当然、子どもは大反対するかもしれません。しかし、下手にお金を残してしまうと、子ども自身のためにもなりません。

世界一の大富豪であるビル・ゲイツは、「資産の0・5%だけを子どもに残し、あとはすべて寄付する」と明言しています。お金を残すことのデメリットを、誰よりもよくわかっているのでしょう。

それに、子どもにお金を残したところで、子どもが自分を大事にしてくれるとは限りません。

たとえば、妻と死別した高齢者が、気の合う人と再婚しようとすると、財産が少ない人ほど、子どもは喜んで賛成してくれます。ところが、財産の多い人の場合、「そんなのは金目当てに決まっている」と猛反対されます。それなら子どもが献身的に介護してくれるのかというと、そんなこともありません。

こうしたお金持ちほど幸せになれない現象のことを、私は「金持ちパラドックス」と呼んでいます。

つねづね私は、いちばんの資産はお金でも株券でも不動産でもなく、思い出だとお伝えしています。自分が好きになった人と再婚もできないなんて、お金を持っている意味はありません。

どんなお金持ちでも、あの世にお金を持っていくことはできません。しかし、たくさんの思い出を胸に、幸せに死んでいくことはできます。「ゼロで死ね」という言葉を、どうか心にとめておいてください。

おわりに

「人生の黄金期」をもっと輝かせるために

最後までおつき合いくださり、ありがとうございました。

本書をお読みになって、高齢者に対するイメージは変化したでしょうか？

「年をとるのも悪くないな」

「これからの人生が楽しみになってきた」

読者のみなさんに、少しでもそう思っていただければ、この本を書いた甲斐があったというものです。

私自身、あと8年で70歳を迎えます。そこで先日、一緒に仕事をしている方から次のような質問を受けました。

「先生は70歳になったとき、どんな自分になっていたいですか？」

私は迷わず答えました。

「『面白い人』でいたいですね」

お笑い芸人になりたいわけでは、もちろんありません。

私が考える「面白い人」というのは、自分の頭でものを考え、自分の言葉でしゃべることのできる人です。いくら賢くても、正しくても、スマートフォンで検索すればわかるようなことをしゃべっている人は、「面白い人」ではありません。

そのうえで、人から何を言われようとも、自分のやりたいことを好き勝手やっている人が「面白い人」です。スポーツカーに乗る、お酒を飲む、恋をする。おおっぴらには言えないことほど、楽しいことだったりします。

それを堂々とできるのが、年をとった人の特権でもあります。

「面白い人」でいるためには、なるべくへそ曲がりになることです。

私自身、意識してへそ曲がりであろうといつも心がけています。権威におもねったり、世間体を気にしたり、常識をうのみにしたりしていると、「つまらない人」で人生を終えてしまいます。

自分の思っていることを、自分の言葉ではっきりしゃべってみる。これまでの人生でやってこなかったことを、好き勝手やってみる。ぜひみなさんも、死ぬまで「面白い人」であろうとつとめてください。そうすれば、「人生の黄金期」はますます輝きを増すことでしょう。

最後になりますが、本書の執筆を最後までサポートしてくださった、朝日新聞出版の宇都宮健太朗さん、編集者の石井晶穂さんに感謝いたします。ありがとうございました。

和田秀樹

2022年12月

和田秀樹　わだ・ひでき
1960年、大阪府生まれ。東京大学医学部卒業。精神科医。東京大学医学部附属病院精神神経科助手、米国カール・メニンガー精神医学校国際フェローを経て、現在、ルネクリニック東京院院長。高齢者専門の精神科医として、30年以上にわたって高齢者医療の現場に携わっている。『60代から心と体がラクになる生き方』(朝日新書)、『80歳の壁』(幻冬舎新書)、『70歳が老化の分かれ道』(詩想社新書)など著書多数。

朝日新書
893

70代《だい》から「いいこと」ばかり起《お》きる人《ひと》

2023年1月30日第1刷発行

著　者　和田秀樹
編集協力　石井晶穂
発行者　三宮博信
カバーデザイン　アンスガー・フォルマー　田嶋佳子
印刷所　凸版印刷株式会社
発行所　朝日新聞出版
〒104-8011　東京都中央区築地5-3-2
電話　03-5541-8832（編集）
　　　03-5540-7793（販売）

Published in Japan by Asahi Shimbun Publications Inc.
ISBN 978-4-02-295190-8
定価はカバーに表示してあります。

落丁・乱丁の場合は弊社業務部(電話03-5540-7800)へご連絡ください。
送料弊社負担にてお取り替えいたします。

生き方の哲学

丹羽宇一郎

伊藤忠商事の経営者と中国大使を務めた丹羽氏。巨額の特別損失計上、悪化する日中関係の逆風など、常に危機と向き合ってきた丹羽氏には「自分の心に忠実に生きる」という生き方の哲学がある。こんな時代にこそ大切な、生きる芯としての哲学の身につけ方を真摯に語る一冊。

ワンランク上の大学攻略法

新課程入試の先取り最新情報

木村 誠

「狙い目の学部」を究めれば、上位の大学に合格できる！ 早慶上理・MARCH・関関同立など有力私立大の学部別に異なる戦略や、新課程に合わせた出題傾向とその対策など、激変する入試の最新情報！ 小論文の賢い書き方を伝授し、国公立大や医学部の攻略法も詳述する。

最強の思考法

フェアに考えればあらゆる問題は解決する

橋下 徹

日常生活でもビジネスでも、何が正解かわからない時代。ブレない主張、鉄壁の反論、実りある着地――「敵」に臆せず、自分も相手もただす「フェアの思考」が最強だ。政治家・法律家として数々の修羅場を勝ちぬいた著者が思考力の核心を初公開。論戦が苦手な人、結果を出したい人必読！

日本のシン富裕層
なぜ彼らは一代で巨万の富を築けたのか

大森健史

不動産投資、暗号資産、オンラインサロンなど、自らの才覚で巨万の富を手にする人々が続出し、日本の富裕層は近年大きく変化した。2万人以上の富裕層を海外移住サポートし、「シン富裕層」と関わってきた著者だから知る彼らの哲学、新時代の稼ぎ方を大公開!

人生は図で考える
後半生の時間を最大化する思考法

平井孝志

人生の後半は前半の延長にあらず。限りある時間の「配分」と「運用」には戦略的な思考法が何よりも大事。外資系コンサルを経て大学で教鞭を執る著者が、独自で編み出した21のメソッドを図解で紹介。誰でも今日からできる「今、ここ」を生きるための教えが一冊に!

忘れる脳力
脳寿命をのばすにはどんどん忘れなさい

岩立康男

人間は健全な脳を保つため、「積極的に忘れる機能」を持っていた! 最新の脳科学をもとに「記憶と忘却」の正体を解説。脳寿命をのばすメソッドのほか、「忘れたい記憶」を消し「忘れてはいけない記憶」を維持するコツを伝授。驚き満載の〝記憶のトリセツ〟。

よみがえる戦略的思考
ウクライナ戦争で見る「動的体系」

佐藤　優

長期戦となったウクライナ戦争で国際政治は大きく塗り替えられる。第三次世界大戦に発展させないためにも戦略的思考を取り戻すことが不可欠だ。世界のパワーバランスと日本の生き残り戦略をインテリジェンスの第一人者が説く。

この世界の問い方
普遍的な正義と資本主義の行方

大澤真幸

中国の権威主義的資本主義、コロナ禍、ロシアによるウクライナ侵攻。激変する世界の中で「適切な問い」を立て、表面的な事象の裏にある真因を探る。未来をより良くする可能性はどこにあるのか？　大澤社会学が現代社会の事象に大胆に切り結んでいく。

進路格差
〈つまずく生徒〉の困難と支援に向き合う

朝比奈なを

新卒主義でやり直しがきかない日本社会は、高校卒業時の選択がその後の命運を握ってしまう。大学・専門学校の実態から、旧態依然とした高校生の就活事情まで、進路におけるさまざまな問題を指摘し教育と労働のあり方を問う。

歴史を読み解く城歩き

千田嘉博

全国に三万カ所以上あった中・近世の城郭跡。自然に触れて心が豊かになり仕事への意欲もわく。いいことずくめの城歩き。歩けば武将たちの思いも見えてくる。全国の城びとを応援する著者による城歩き指南決定版。朝日新聞好評連載等をもとにまとめた一冊。

昭和史研究の最前線
大衆・軍部・マスコミ、戦争への道

筒井清忠／編著

世間は五・一五事件の青年将校を「赤穂義士」になぞらえて称賛した！　軍部とマスコミに先導された〝大衆世論〟の変遷から戦争への道筋を読み解く、最新研究に基づく刺激的な論考。ウクライナ戦争、米中対立など国際情勢が緊迫化する今こそ読まれるべき一冊！

歴史の逆流
時代の分水嶺を読み解く

長谷部恭男
杉田　敦
加藤陽子

大戦時と重なる日本政府のコロナ対応の失敗、核保有大国による独立国家への侵略戦争、戦後初の首相経験者の殺害……戦前との連続性ある出来事が続くなか、歴史からどのような教訓をくみ取るべきか。憲法学・政治学・歴史学の専門家が、侵略・暴力の時代に抗する術を考える。

どろどろのキリスト教

清涼院流水

キリスト教は世界史だ。全キリスト教史、超入門。教会誕生から21世紀現在のキリスト教までの2000年間を、50のどろどろの物語を通じて描く。キリスト教初心者でも読めるように、素朴な疑問からカルト宗教、今日的な問題まで盛り込んだ教養を高める読みものです。

名著入門
日本近代文学50選

平田オリザ

作家と作品名は知っていても「未読」の名著。そんな日本近代文学の名作群を、劇作家・演出家の著者が魅力的に読み解く第一級の指南書。樋口一葉から鷗外、漱石、谷崎、川端、宮沢賢治、三島由紀夫、司馬遼太郎らまで、一挙50人に及ぶ名著を紹介。本を愛する読書人必読の書。

朝日新書

70代から「いいこと」ばかり起きる人

和田秀樹

最新科学では70歳以上の高齢者に関するポジティブなデータが発表され、「お年寄り」の実態は昔と今では大きく違っていた。これまで「高齢者の常識」を覆し続けてきた著者が、気休めではない最新の知見をもとに加齢によるいいことをアップデートし、幸福のステージに向かうための実践術を提案!!

朽ちるマンション　老いる住民

朝日新聞取材班

管理会社「更新拒否」、大規模修繕工事の水増し請求、認知症の住民の増加——。建物と住民の高齢化問題に直面した人々の事例を通し、マンションという共同体をどう再生していくのかを探る。「朝日新聞」大反響連載、待望の書籍化。

お市の方の生涯

「天下一の美人」と娘たちの知られざる政治権力の実像

黒田基樹

お市の方は織田家でどのような政治的立場に置かれていたか？　浅井長政との結婚、柴田勝家との再婚の歴史的・政治的な意味とは？　さらに3人の娘の動向は歴史にどう影響したのか？　史料が極めて少なく評伝も皆無に近いお市の方の生涯を、最新史料で読み解く。